SAINT ROCH

SAINT ROCH

HISTOIRE COMPLÈTE EN TROIS PARTIES :
AVANT-PROPOS,
PRINCIPES CONSTITUTIFS DES SOCIÉTÉS ET DE LA SAINTETÉ,
SA VIE, SES PRODIGES, SA MORT,
SUIVIE DE CELLE DE SAINT GOTHAR, SA CONQUÊTE ET SA COURONNE,
ET DES CHAPELLES DÉDIÉES A SAINT ROCH
DANS LE DIOCÈSE DE LYON.

DEUXIÈME ÉDITION

PAR

L'ABBÉ CHAVANNE

Membre de la Société littéraire, historique et archéologique de Lyon.

LYON
IMPRIMERIE D'AIMÉ VINGTRINIER
Rue de la Belle-Cordière, 14

1875

PREMIÈRE PARTIE

AVANT-PROPOS

> « Malheur à la nation qui obéit à des hommes
> « qui n'obéissent pas à Dieu. »
> Paroles prononcées par le préfet de la Loire
> à l'occasion de la bénédiction de la pose de la
> première pierre du barrage du Pas-du-Riot, le
> 6 juin 1874 (1).

CHAPITRE Ier

RELATIONS DES HOMMES DE LETTRES ENTRE EUX.

A dater de la fin du dix-septième siècle, les hommes de lettres établirent entre eux des cours littéraires tout à fait intimes, en publiant

---

(1) Nous regrettons de ne pas posséder l'art de bien dire, afin de mieux exprimer nos pensées ; nous les livrons néanmoins telles quelles sur le grand chemin de la publicité, où tout voyageur attentif pourra, selon son *sic*, l'un glaner, l'autre tourner dédaigneusement la tête.

des recueils périodiques, doctes confidences des érudits.

Quarante ans plus tard, la presse et les journaux ont singulièrement facilité cet échange littéraire. Aujourd'hui, au lieu d'exister entre les savants seulement, ces échanges s'en vont rapidement, par tous les réseaux des voies ferrées, des sociétés savantes aux particuliers de toutes les régions les plus reculées, et, souvent de ceux-ci, membres correspondants ou non, à ces sociétés, et toutes ensemble sous des formes diverses, se répandent dans le monde des affaires, dans l'atelier des ouvriers, montent dans la mansarde, et descendent sous le toit des paysans, à présent que tout Français va à l'école, à l'urne du suffrage universel. Le but est d'y faire fleurir la science et la vraie civilisation chrétienne qui mènent à la perfection évangélique, où doit tendre l'humanité pour accomplir les desseins providentiels et lui ouvrir les portes du bonheur d'un autre monde.

Et voilà le travail de l'esprit d'intelligence de la noble république des lettres, qu'elle oppose aux fausses doctrines de la libre-pensée, qui en verse chaque matin à pleines mains le poison mortel dans les âmes du pauvre peuple par les cent voix d'une presse athée. Car elle n'a rien tant à cœur que de pénétrer dans les familles pour y implanter ses convictions, et c'est à ce titre que nous lui offrons cette nouvelle étude.

Car au milieu de la grande perturbation de la société civile, ses efforts et ses forces se sont fidèlement appliquées à cette propagation d'une morale scientifique; tandis que les ennemis de l'Église catholique et de ses conseils évangéliques se sont jetés à grande vitesse dans la voie de la perdition, croyant pouvoir arriver en toute sûreté à concilier les ténèbres avec la lumière, se flattant fallacieusement d'arriver ainsi au terme de leurs vœux sacriléges.

Mais nous, avec un cœur fervent et confiant, nous combattons le bon combat, en attendant avec tous les bons esprits les temps et les moments que Dieu a posés dans sa puissante sagesse pour notre régénération dans la foi par la foi.

C'est en particulier vers ce but que tendent les efforts de la société littéraire, historique et archéologique de Lyon, dont les travaux scientifiques jettent une si vive lumière sur le passé moral, religieux et politique de notre histoire locale et nationale.

Qu'elle se distingue toujours par la multiplicité des matières, par un style pur, par la précision et la clarté de ses décisions, dans ses monographies si intéressantes du vieux monde !

Mais comme les plus parfaites choses de ce monde ne sont jamais irréprochables, qu'elle nous permette de lui dire dans notre infirmité et pour le plus grand progrès de la science, qu'elle épure toujours davantage son esprit infatigable, son jugement lumineux en toutes les questions, et elle aura trouvé un trésor d'abord pour elle-même, ensuite pour les hommes qui ont soif de lumière.

Pour nous, dans notre faiblesse native, nous croyons, en publiant la vie de saint Roch, donner un antidote contre la peste morale de la libre-pensée, du moins neutraliser les efforts pernicieux de la presse libre-penseuse, qui voudrait faire croire à la société qu'elle n'a d'autre souci que de faire son bonheur, en la délivrant du joug de la foi religieuse et de l'autorité divine et humaine, mais ne travaillant en réalité qu'à satisfaire la mauvaise direction donnée à la jeunesse, à la perversion de leurs mœurs plus que douteuses, l'affiliation aux sociétés secrètes, et par dessus tout ses convoitises personnelles.

Comme on les a déjà vus à l'œuvre depuis quatre ans, leurs erreurs monstrueuses sont toutes percées à jour et ne peuvent inspirer qu'un immense dégoût à la société religieuse et civile, qui peut bien un instant se laisser séduire, mais qui finit toujours par revenir au culte du droit, de la justice et de la vérité sociale et religieuse.

En écrivant cet avant-propos, nous n'avons en vue qu'une préoccupation, celle de faire une exposition raisonnée des principes d'où découlent les droits et les devoirs de l'homme social et chrétien, qui révèlent sa vocation céleste, et les voies pour arriver à la sainteté ; celle aussi de nous exprimer avec liberté sur les faits divins et lumineux, ainsi que sur les doctrines des auteurs de nos mauvais jours qui remuent si profondément la société des enfants du siècle et celle des enfants de la foi.

Tout en respectant les personnes, impossible de ne pas toucher un peu aux vicissitudes de la vie politique non catholique ; ce qui a lieu en posant les principes de la société terrestre établie de Dieu, et ceux de la société spirituelle qui conduisent à la société éternelle par la sainteté de la vie commandée par celle du Christ et sa parole autoritaire.

Le lecteur intelligent comprendra que, la libre-pensée souillant tout ce qu'elle touche, sacré et profane, notre patriotisme comme français et chrétien devait la dénoncer et la combattre partout où elle se montre avec un air magistral.

Loin de nous cependant la pensée de ramener jamais à la vérité quiconque s'en est déclaré l'ennemi de propos délibéré et de parti pris, à plus forte raison les écrivains qui, incrédules par métier, vivent de leurs impiétés, comme l'artisan de son travail. Ce serait une trop rude tâche pour l'entreprendre ; il faudrait un miracle puisqu'ils ne respectent pas même le simple sentiment religieux, sans lequel pourtant nulle société ne saurait durer.

N'étant pas thaumaturge, qui voudrait donc, sous prétexte de convertir Satan, perdre son temps à le cajoler? au contraire, les montrer au bon peuple hideux à voir, c'est là, pensons-nous, le seul moyen efficace d'enlever leur prestige et de leur faire perdre leur crédit.

CHAPITRE III

PRINCIPE CATHOLIQUE OU RÈGLE DU JUGEMENT EN MATIÈRE DE DOCTRINE SAINE ET DE THÉORIE RADICALE HYPOCRITEMENT MASQUÉE.

L'histoire religieuse et politique ancienne et moderne écrite, répétée, commentée par les auteurs qui n'ont pas le sens chrétien, abonde en erreurs, en altérations, en appréciations fausses ou hasardées qui la dénaturent. C'est une fausse monnaie dont la circulation est très-préjudiciable aux saines connaissances et à l'accord de la science et de la foi. Mais le lecteur, à la clarté d'un principe certain, découvrira facilement l'or pur de l'alliage trompeur qui s'y mêle.

Ces erreurs philosophiques et religieuses n'ont été accréditées qu'à force d'avoir été répétées. Le principe lumineux du catholicisme est le seul moyen d'éviter cet écueil.

Encore une fois, les productions de l'esprit humain sont immenses; elles remplissent les bibliothèques; mais, semblables aux plantes médicinales, les unes contiennent la vie et la santé, les autres un poison mortel. Pour les reconnaître, il est inutile de dire qu'il est permis de lire, mais avec une bonne intention, les opinions contradictoires pour aider la vérité à se dégager de l'erreur et faire son choix; et la pierre de touche, pour arriver au meilleur résultat, c'est de se servir du principe catholique, infaillible en ce genre d'études pour arriver aux vérités naturelles et surnaturelles, raison et foi, science et piété. Le voici :

Saint Augustin et Bossuet ont donné la véritable philosophie de l'histoire dans la signification des événements et des faits historiques au point de vue catholique. En adoptant leur méthode, on est sûr de ne point s'égarer sur l'immense océan des âges.

Le premier montre le plan divin se développant dans le monde sous l'action de Dieu, — *in cujus potestate sunt regna omnia*.

Le second résume ainsi sa méthode : « Dieu
« tient du plus haut des cieux les rênes des
« royaumes de la terre : il a tous les cœurs en
« sa main. Tantôt il retient les passions, tan-
« tôt il leur lâche la bride, et par là il remue
« tout le genre humain. C'est lui qui prépare
« les effets dans les causes les plus éloi-
« gnées. »

Cette méthode appliquée à l'étude ou à la simple lecture de l'histoire, sous la double impulsion de la providence divine et de la liberté humaine, l'histoire, dis-je, confirme ce qu'enseigne l'Église catholique. Alors on juge droit parce que l'on juge de haut; alors les erreurs philosophiques, dogmatiques, morales, sociales, les préjugés, les contradictions tombent, s'effacent devant le soleil de la vérité.

Déjà les plus autorisés écrivains protestants de l'Allemagne contemporaine viennent d'affirmer notre thèse par des publications d'une consciencieuse impartialité, comprenant mieux que d'autres le sérieux enseignement que les leçons du passé lèguent au présent et à l'avenir.

Parmi tous, nous nous contenterons de n'en citer que deux à l'appui de notre assertion.

M. Léo, professeur à l'université de Hall, dit que c'est saint Boniface, pape, qui a fait la nation allemande et qui l'a engendrée à la vie spirituelle, intellectuelle et politique.

M. Voigt, savant professeur à l'université protestante de Kœnisberg, mort en 1864, dit dans un livre remarquable que c'est le pontificat romain qui a fait les nations chrétiennes à son image, et cite à l'appui de ce qu'il avance saint Grégoire VII comme le grand destructeur des abus et le grand restaurateur de l'ordre social chrétien au moyen-âge.

Voilà la grande philosophie inaugurée par saint Augustin, expliquant les instructions du philosophe païen, Platon, pour les montrer dans la splendeur qui leur a mérité d'être appelées *la Préface humaine de l'Évangile*, et qui a été développée par saint Thomas-d'Aquin, perfectionnant l'art du raisonnement créé par Aristote, pour en faire la base de la logique chrétienne, et tracer ainsi d'avance la règle sûre pour bien juger les différents systèmes opposés, au point de vue de leurs rapports avec la vérité révélée, de leur concordance avec la doctrine catholique, et enfin de leurs écarts de l'harmonie entre la raison et la foi qu'il n'est jamais permis de désunir puisqu'elles découlent l'une et l'autre de la même source divine.

En effet, l'élévation intellectuelle et morale de l'homme doit toujours réaliser l'idée du beau surnaturel, comme aussi les manifestations du beau naturel dans l'histoire, les lettres et les arts. Alors la science marche sans péril d'erreur, selon l'expression de l'encyclique de Pie IX du 21 mars 1853.

Mais lorsque le génie aveuglé par une passion faillit à sa vocation et devient inférieur à sa mission, ce qui est assez fréquent, sans nous étonner beaucoup, il doit être signalé à la multitude pour qu'elle ne s'empoisonne pas involontairement.

Lorsqu'une doctrine n'est pas conforme à

cette règle qui fait autorité parce qu'elle a reçu la sanction de l'assentiment général et la consécration du temps, tenez cette doctrine pour erronée.

Si la critique qu'on fait d'une doctrine ne se révolte pas contre elle par un esprit d'orgueilleuse indépendance, cette critique doit céder au jugement approbatif et persévérant des siècles, celui de la saine tradition.

En lisant les différences profondes de doctrine et de pratique qui existent entre tous ces professeurs de sciences doctrinales, nous concluons au rejet de leurs appréciations doctrinales, philosophiques et historiques, et nous nous éloignons de leur enseignement sans base certaine. Pourquoi? parce que la démonstration philosophique et historique établit qu'un principe, pour devenir indiscutable, a besoin de la consécration des siècles. Or, ils ne peuvent l'invoquer ne faisant que rajeunir de vieilles erreurs déjà condamnées, tandis qu'elle brille avec honneur, toujours la même et persévérante dans les pages séculaires de l'Église catholique.

Donc les doctrines opposées à celle du catholicisme ne jouissent pas de cet avantage, sont par leur essence même discutables, parce qu'elles ne peuvent pas se flatter d'avoir ce principe, parce qu'elles sont basées, non sur l'unité et la sanction du temps, mais sur le sable mouvant de la nouveauté et de la contradiction réciproque.

Telle est, en substance, la synthèse catholique, en dehors de laquelle l'orgueil humain se pose comme le critérium de la vérité, tandis qu'il en est la mort.

C'est pour s'être écartée de cette règle que, dans ces derniers temps a surgi une nouvelle secte intitulée libre-penseuse, qui, reniant la tradition, Dieu, l'Église, ses dogmes, sa morale, pour les remplacer par la barbarie socialiste et communiste au moyen de la liquidation sociale, a jeté dans le peuple une multitude d'erreurs désavouées par le bon sens.

CHAPITRE III

CLÉRICAL ET LIBRE-PENSEUR

La queue des sauterelles, dont il est parlé dans l'Apocalypse, ne peut-elle pas s'appliquer justement aux philosophes libres-penseurs de ces derniers temps, pour qui la patrie ne fut qu'un mot vide de sens, qui insultèrent les gloires les plus pures de leur pays et qui se déclarèrent les amis de nos ennemis les Prussiens dont ils sont encore les dignes émules.

La haine qui les dévore est satisfaite en partie lorsqu'ils ont adressé aux catholiques cette épithète qu'ils regardent comme une grossière injure : ce sont des cléricaux. Quel est le mobile qui les pousse à l'invective sur le seul parti demeuré fidèle aux traditions. Il y a trois causes : l'orgueil, la jalousie et le dépit; trop orgueilleux pour s'avouer inférieurs à eux, jaloux de ce qu'ils remplissent leurs devoirs envers Dieu, la religion, l'État, la famille, et ainsi railleurs par dépit. Ce qui leur fait déguiser la vérité, répandre les bruits les plus absurdes, les histoires les plus fausses, les inventions les plus radicales avec un certain cachet de vraisemblance sur leurs adversaires. Leur cœur est tellement souillé qu'une mauvaise action de plus ou de moins ne saurait les déshonorer davantage, car, sachez-le bien, il est des âmes qui ne peuvent plus se salir.

Or, nous avons remarqué que ces messieurs ne justifient pas du tout les brevets de vertu puritaine qu'ils s'adjugent eux-même avec une grâce parfaite. En effet, le bon chrétien fait le bon citoyen, comme la libre pensée fait le mauvais patriote. La dernière guerre avec la Prusse nous fournit la preuve de cette assertion. Il est notoire qu'on a vu les cléricaux mourir et les libres-penseurs s'enrichir, braves en paroles, et au moment suprême préoccupés du sauvetage de leur précieuse peau. Les cléricaux prêchent d'exemple, les sans-Dieu, au contraire, ne se sont jamais imposé de sacrifice, par la bonne raison qu'étant matérialistes, ils veulent avant tout jouir sans dérangement et jouer leur va-tout. Les cléricaux édifient le public par une conduite vertueuse; les sans-Dieu, au contraire, par une vie douteuse et des mœurs équivoques. Jean-Jacques Rousseau laissait des bâtards dans toutes les provinces qu'il parcourait, de même les sans-Dieu de 1793 vivaient avec d'éhontées courtisanes. Hier encore, un des chefs passait devant les tribunaux pour adultère, tandis que d'autres pauvres diables abandonnaient femmes et enfants dans le besoin. Tout citoyen qui a de fréquents démêlés avec la police, tenez-le pour un libre-penseur; tout homme qui a la conscience vierge de souillure est un clérical. Descendez dans les prisons et les bagnes, et vous y remarquerez et resterez convaincus que la grande majorité sont des libres-penseurs. Quand la peste ravage nos villes, le clérical y brille par son dévouement, et le libre-penseur par son absence. Cela ne l'empêche pas d'insulter celui qui plus tard sera le premier à adoucir ses derniers moments. Le clérical se sacrifie pour les autres ; le libre-penseur veut que l'on se sacrifie pour lui. Quand le malheur vient à peser sur le clérical, il souffre et porte avec patriotisme sa croix à l'exemple de son divin modèle; frappe-t-il le libre-penseur, il y met fin par un coup de revolver. On peut avoir confiance dans l'un parce qu'il a la foi, et toute défiance dans l'autre, à cause de son incrédulité. L'un est serviable, l'autre égoïste ; l'un souille tout ce qu'il touche, l'autre lave ses souillures voltairiennes. Les cléricaux prennent en pitié les déraisons des libres-penseurs et des sans-Dieu, qui ne perdent jamais de vue d'affirmer bien haut qu'il ne faut plus de cléricaux, et de supprimer le clergé, principal obstacle à leurs projets de renouvellement social.

Oui, c'est vrai, le croyant qui confesse sa foi jusqu'au martyre, c'est beau, c'est sublime, mais qu'il aille de lui-même se placer sous le fer du bourreau, ce n'est plus de l'héroïsme, c'est un suicide, et il ne se suicidera jamais de sa propre main.

CHAPITRE IV

AUTRE PARALLÈLE

Au moment où éclata la guerre de 1870, un curé du diocèse de Metz (Lorraine), nommé Armand Lefèbvre, atteignait ses 62 ans.

Quelques années plus tôt, il avait dépensé toute sa fortune à élever de jeunes et pauvres orphelins dont il faisait tous les frais d'éducation.

Quelques-uns furent ingrats, mais la plupart reconnaissants, entre autres celui pour lequel il avait le plus dépensé. Il venait d'être nommé colonel, et il était fier de ce soldat qui, comme Drouot, avait pour devise : prier et combattre.

Les dépenses qu'il avait faites en bonnes œuvres de toutes sortes sans contracter de dettes, l'avaient ruiné, et il n'avait plus pour vivre que ses maigres émoluments. Mais sa frugalité, ses goûts simples le mettaient à l'abri de la gêne. Et pourtant certains esprits forts du village répétaient à voix basse qu'il était riche et avare.

L'année que Napoléon III annonçait à la France qu'un point noir surgissait à l'horizon politique, les vignerons de l'endroit lui disaient : C'est année d'abondance, M. le curé, que nous monterons votre cave.

Non, mes enfants, non, car les Prussiens boiraient tout, et on lui riait au nez ainsi que tous ses confrères aussi incrédules qu'eux, le traitant de visionnaire. Et il leur répondit : J'ai tout vu quand je suis allé à Munich acheter la statue de la Vierge que vous connaissez. Là, j'ai vu un professeur de l'université d'Hisdeberg qui me disait : Notre plan est tout tracé, tout y est prévu, il ne peut manquer de réussir, vous serez battus à première bataille, puis nous envelopperons Metz et Paris : savez-vous, m'ajouta-t-il, ce qui vous écrasera ? l'orgueil ! Voilà ce qui m'a terrifié et fait naître mes craintes, car la force brutale brise tous les obstacles; nous nous illusionnons et nous nous nourrissons de chimères sur l'état réel des choses en Allemagne.

Il se trouvait dans le village un libre-penseur appelé Vertillard, qui accusa publiquement M. le curé d'être un mauvais patriote. Voyons lequel des deux a le mieux rempli son devoir.

Dix-huit mois ne s'étaient pas encore écoulés que la guerre éclata soudain.

Alors notre voltairien se mit à enflammer le patriotisme des paysans tout en déclamant contre le curé qui se taisait et fabriquait de la charpie pour les pauvres blessés.

Un matin le citoyen incrédule qui abhorrait les cléricaux en robe longue comme ceux en robe courte, criait à la foule assemblée par la voix des canons prussiens : N'est-ce pas une honte de voir ces curés plongés dans la fainéantise pendant que les autres vont à la mort! Faisons partir pour l'armée tous les calotins!

Et ce M. Vertillard, homme fort, vigoureux, à peine âgé de cinquante ans, pourquoi le premier ne donnait-il pas l'exemple?

Non, notre homme aux approches des Prussiens et à la vue des blessés qui encombraient déjà les ambulances organisées dans le village par le curé, mit prudemment, une nuit, sa peau et ses écus en sûreté ; il s'était enfui à Genève.

Le curé, au contraire, donnait tous ses soins spirituels et temporels aux blessés.

Un après-dîner qu'il sortait de son presbytère pour aller continuer la mission de charité qu'il s'était imposée, un homme tombe évanoui dans ses bras : c'était l'orphelin élevé par lui, devenu colonel ; il avait sept blessures et le sang coulait. Huit jours après, les Prussiens occupaient le village. Le curé dirige le bataillon des infirmiers, ne dort ni nuit ni jour, tandis que le colonel repose dans son lit. Bientôt on signale l'apparition de la petite vérole, qui se propage avec une effrayante rapidité, et dont mourut le colonel.

Hélas ! je n'avais plus que celui-là pour me consoler, dit le saint curé en ensevelissant le soldat enlevé par le fléau.

Trois jours après, lui-même aussi, atteint du même mal, rendait sa belle âme à Dieu.

Et le libre-penseur? lui, il n'est revenu dans son village, après sa fuite en Suisse, qu'après l'armistice, pour écrire un article tendant à prouver que les prêtres seuls étaient les complices des Prussiens. Et voilà comme le bien et le mal moral se touchent. Esprits droits, qui que vous soyez, jugez donc de l'arbre par ses fruits. Rejetez loin de vous ceux qui donnent la mort et ne goûtez que ceux qui donnent la vie.

CHAPITRE V

DOCTRINE DE LA LIBRE-PENSÉE

Bons bourgeois qui, sans pratiques de religion, faites de la religiosité parce qu'elle maintient l'ordre matériel, sans lequel serait troublé votre douce quiétude, écoutez sans sourciller les sinistres extravagances des plus mortels ennemis de l'ordre, du capital, de vos bourses, de vos propriétés, qui croient pouvoir exclure Dieu de la société, ou tout au moins la défendre sans lui.

(Extrait de l'article de l'Ami du Peuple, *organe avancé de l'Internationale en Belgique, — avril* 1874.*)*

DIEU ET LA RÉVOLUTION

« Les despotes, trop faibles pour se soutenir
« par eux-mêmes, n'ont-ils pas dû faire appel
« à un être invisible, imaginaire, un grand
« inconnu, Dieu.

« C'est au nom de cet être suprême, tantôt
« créateur, tantôt destructeur, que les rois, les
« princes et les prêtres exercent leur pouvoir ;
« ils font appel à la grâce de Dieu dont ils se
« disent les représentants, pour le faire inter-
« venir dans le gouvernement des choses
« humaines, sans s'occuper que la science phi-
« losophique a épuisé toutes les phrases théo-
« logiques et métaphysiques.

« Dans ce système d'autorité, la religion

« n'est-elle pas une institution indispensable ?
« la réaction est-elle assez reconnaissante pour
« ses dévoués serviteurs ? Combien de fois la
« société ne se serait-elle pas dissoute, si les
« prêtres, qui enseignent le renoncement aux
« biens terrestres et l'amour des béatitudes
« célestes, faisant ainsi prédominer l'incertain
« sur le certain, le mensonge sur la vérité,
« n'avaient point imbu le cerveau du peuple
« de ces préjugés, et ne lui avaient fait croire
« que la misère est une épreuve de Dieu qu'il
« faut subir pour obtenir sa grâce ?

« Se révolter contre la faim c'est donc, selon
« ces messieurs, se révolter contre les desseins
« de Dieu, ce qui est un crime.

« Que cette société est bien faite pour per-
« pétuer l'opulence de nos riches prétoriens et
« la misère du peuple !

« Après la prêtraille vient l'armée, gardienne
« de l'ordre, puis l'état autoritaire, qui s'em-
« pare de toutes les forces réactionnaires.
« Voilà les trois terribles alliés de l'autorité.

« Il a fallu de longues années de luttes et

« d'étude pour comprendre qu'il n'y a pas de
« transaction possible entre la liberté et l'au-
« torité, entre l'égalité et les priviléges, en un
« mot, entre les droits des rois, seigneurs et
« prêtres, nos prétoriens et capitalistes et les
« droits des prolétaires.

« Nous voulons tout ou nous n'avons besoin
« de rien.

« La révolution doit se séparer de tout ce
« qui tend, de près ou de loin, au pouvoir
« autoritaire, et elle veut sérieusement extirper
« le chancre rongeur. C'est par la destruction
« de cette autocratie terrestre commandée par
« un autre homme qu'elle doit commencer son
« œuvre.

« Quand ce Dieu, inventé pour le motif cité
« plus haut, sera relégué dans les ténèbres,
« l'Église, qui puise sa force dans l'absolu,
« disparaîtra avec lui. Une fois la religion
« anéantie, le peuple se relèvera de sa dégra-
« dation intellectuelle et morale; alors ce sera
« l'homme qui présidera au gouvernement du
« monde; ce sera le travail représenté par les

« prolétaires qui régira tout le travail en orga-
« nisant un système de garantie mutuelle de
« commune à commune, de pays à pays. C'est
« ce qui doit remplacer désormais la politique
« et faire disparaître d'un coup la féodalité
« industrielle, propriétaire et capitaliste.

« Sur les ruines du vieux monde apparaîtra
« triomphante la science sociale qui détruira
« tout ce qui lui est incompatible, politique et
« gouvernement. Toutes les forces étant alors
« dirigées vers le travail, les éléments de cor-
« ruption et de destruction ayant disparus,
« nous voyons apparaître, avec l'équilibre
« économique, la paix et le bien-être.

« Arrière de nous les politiques qui vou-
« draient faire précéder la révolution sociale
« de la révolution politique ! Que les partis
« qui diffèrent du nôtre s'y rallient et écrivent
« sur la bannière commune : *Liquidation
« sociale.* »

Les républicains répètent que l'Internationale est divisée, par conséquent que toute crainte à cet égard est chimérique.

Bons bourgeois, regardez encore sans effroi les débats d'Autun, d'Annonay et de Lyon. C'est la meilleure réponse à votre apathie.

(Avril 1874.)

« Les comités se sont reformés, les relations
« se sont rétablies, tout s'est réorganisé ; ils
« n'ont plus qu'à passer de la théorie à la pra-
« tique.

« Leur programme, c'est l'abolition des
« codes, de la magistrature, des cultes, de
« l'État, de la police et de l'armée ; leurs
« moyens : l'assassinat, le pétrole, le vol ; les
« appuis : le comité central, la bourgeoisie
« républicaine, absolument détestée, mais dont
« ils se servent pour arriver, sauf à la renver-
« ser ensuite, pour établir sur elle la Com-
« mune, fin suprême des Internationalistes.
« Ils le répètent d'ailleurs sans ambages,
« comme le citoyen Lefrançais, ancien mem-
« bre de la Commune de Paris, qui vient de
« publier à Lausanne une brochure intitulée :
« *La revanche future de la Commune.* »

Et le jeune et élégant Vermesch, en Angleterre, et en mai 1874, vient de laver publiquement le linge sale de vingt-huit de ses anciens complices communards, qui élevaient des doutes sur la politique de l'ancien *Père Duchêne*, et leur jette à la face pas mal de sanglantes vérités. Ecoutez-le :

« Gens de la Commune révolutionnaire, qui
« vous targuez de donner des brevets de bra-
« voure aux uns et de scélératesse aux autres,
« vous n'avez que le droit d'être modestes et
« silencieux, car vous êtes véreux jusqu'au
« cœur et tarés jusqu'à la moelle. »

Ici il les lave tous et chacun avec leurs passions, leurs vices, leurs crimes, leurs faux-serments, leurs trahisons, et remplit la balle qu'ils portent sur leur dos de ce linge lavé, puis il continue :

« Vous tous, vous vous êtes hébergés à
« Londres avec l'argent soustrait aux caisses
« publiques et particulières.

« Gens de la Commune révolutionnaire de
« Paris, vous vous êtes mis à vingt-huit pour

« tâcher de persuader au monde que je suis un
« lâche et un coquin. Eh bien ! moi, sans avoir
« besoin d'aller chercher aucun renfort, au-
« cun aide, aucune signature, voici ce que je
« vous dis :

« Je vous accuse tous, et collectivement et
« individuellement, de mensonges, de calom-
« nies, de crimes, de vols et de complicité de
« vols.

« Je vous défie de m'attaquer en diffamation
« devant les tribunaux anglais, car le procès
« qu'on n'a pas pu vous faire à Paris, où vous
« avez laissé condamner, déporter, fusiller à
« votre place des hommes du peuple trompés
« par vous, je vous le ferai, moi, à Londres.

« Nous verrons alors de quel côté sont les
« traîtres, les mouchards, les voleurs et les
« lâches.

« Inutile de dire que si vous ne relevez point
« ce défi, c'est que vous passez condamnation
« sur ce que je viens d'affirmer. Je vous donne
« jusqu'au 31 mai pour me traduire en justice. »

Mais ils se sont bien gardés de relever le gant.

Qu'en pensez-vous, bourgeois conservateurs, libéraux catholiques qui vivez côte à côte avec eux, et partagez la nourriture habituelle de leur esprit, que la presse vous verse quotidiennement ?

Qui peut le nier en voyant les erreurs morales, religieuses et sociales amoncelées chaque jour par l'action incessante de la presse antichrétienne et antisociale, source de toutes les hideuses passions que les esprits habitués à monter des effets aux causes signalent pour en atténuer au moins les effets terribles sans blesser sa liberté ?

Telle est sa perversité que, lorsque la vérité des faits s'impose avec une telle évidence que la négation devient impossible, soyez assurés qu'elle plaidera en sa faveur les circonstances atténuantes ou qu'elle en rejettera la responsabilité sur ses innocentes victimes.

Mais elle a devant elle un ennemi puissant,

contre lequel elle a réuni toutes ses forces et tous ses efforts, c'est le catholicisme.

Rien ne lui est plus odieux que ses dogmes, sa morale, ses lois, sa hiérarchie, ses priviléges, ses conseils évangéliques, qui entretiennent et nourrissent la vie chrétienne pour monter à la sainteté qui l'offusque ; tout cela a le privilége d'exciter en elle une haine profonde et la volonté arrêtée, par tous les moyens, de l'anéantir à jamais.

En cela, sa haine est logique, preuve : la religion, qui s'identifie avec la société, lui prête son appui nécessaire, indispensable et, en même temps, un soutien si solide, si puissant, qu'ils ne pourront jamais arriver à la liquidation sociale et renverser la société tant que la religion sera debout.

Aussi les logiciens parmi eux l'ont tellement compris, qu'ils s'efforcent tout d'abord de déraciner la foi du cœur du peuple.

Et voilà la cause véritable de la haine au catholique, que nous voyons se produire toujours plus intense dans les livres, les brochures, les journaux de la libre-pensée.

Eh bien ! c'est précisément cette haine active qui doit unir et réunir tous les catholiques, quelle que soit la bannière politique sous laquelle ils marchent, seul moyen de paralyser souvent ses sataniques efforts.

Quand on voit aujourd'hui tout le mal que fait une certaine presse, les erreurs et les divisions qu'elle creuse, et exposer avec une entière franchise ses pensées, on a beau aimer la liberté, le doute vous prend au cœur ; passe encore si sa sainte flamme du cœur emporte le cerveau, mais la haine aveugle et ignorante ne devrait jamais éclater au dehors.

Depuis cinquante ans, ces rédacteurs de journaux, ces auteurs de livres et de brochures ont-ils cessé de nous saturer d'erreurs, de mensonges, de calomnies et de perfidies ? aucun ne se convertit au spectacle des maux de la patrie et de la religion. Est-ce qu'ils ne sont pas encore assez victimes de leurs erreurs ?

Ici l'histoire et la logique sont d'accord.

Dans tous les siècles, les partisans de Satan ont répété : « Il y a longtemps que vous nous jetez l'anathème, et vos condamnations répétées ne nous ont pas empêchés de progresser. » C'est vrai, mais aux erreurs mille fois répétées, il faut opposer mille fois les mêmes enseignements, aux principes faussés, il faut opposer mille fois les principes éternels de la vérité évangélique, et les répéter pour la consolation des bons, pour le soutien des faibles et pour la confusion des impies.

En effet, en matière de révolution, les impiétés de 1871 ne sont-elles pas les mêmes que celles de 92 ? A cette époque on adorait la raison, et la raison adorée avait disparu. En 1871, la révolution adore la matière et propose l'ostracisme des citoyens vertueux.

Les ministres du Brésil, haut placés dans l'ordre de la Franc-Maçonnerie, n'enfermèrent-ils pas sous les verroux un évêque brésilien, rappelant, dans un mandement, les prescriptions du *Syllabus* et les condamnations des francs-maçons, plusieurs fois déjà condamnés par le Saint-Siége Apostolique ?

Le gouvernement helvétique, au mépris du Concordat et des conventions passées entre Genève et Rome, chasse les évêques de leurs palais et les curés légitimes de leurs églises et de leurs presbytères, pour y introduire des intrus schismatiques par la porte de derrière, comme les voleurs.

Hélas ! c'est la fausse panique causée par le *Syllabus*, c'est surtout le mot d'ordre de la Prusse, qui lui a fait oublier les principes de liberté, qui faisaient naguère encore l'objet de l'admiration générale.

Le gouvernement allemand, sous de faux prétextes et une politique protestante, condamne les évêques, les curés, les religieux à de fortes amendes, à la prison, à l'exil.

Et le gouvernement italien lui-même ne tient-il pas captif au Vatican le chef suprême de la grande famille catholique ? ne s'empare-t-il pas de toutes les maisons-mères ? ne chasse t-il pas la famille religieuse du pape sous de spécieux prétextes ?

Pourquoi cette guerre impie à la seule religion catholique ? Il faudrait ici faire une démonstration théologique, nous nous contenterons de dire simplement : c'est parce que seule entre toutes les religions qui se partagent le monde, elle est la mère de toutes ; c'est parce que seule elle ne transige jamais avec les principes éternels ; c'est parce seule elle est la vérité descendue du ciel, donnée de Dieu même aux hommes, enseignée par Jésus-Christ, sanctionnée par le Saint-Esprit et confirmée par le sang des martyrs et les miracles des saints ; c'est parce que seule elle sait former des saints, comme l'atteste l'histoire ; c'est enfin parce que elle seule a les promesses de ce monde et de l'autre.

D'autre part, il ne faut jamais oublier que le bien et le mal, la vérité et l'erreur sont les deux puissances de ce monde qui se disputent l'empire des âmes, mais dont la première prime toujours la seconde.

Enfin les régimes révolutionnaires s'en prennent même à la personne du pape. Le pape, c'est Pierre lui-même parlant au nom de Jésus-Christ à l'église universelle. Donc il a le droit et le devoir d'imposer la doctrine de vérité à tout le monde.

Les gouvernements européens ont donc eu tort de s'effrayer du *Syllabus*, qu'il convient ici d'expliquer.

D'abord, les enfants de l'église catholique n'ont pas deux baptêmes, celui de Paul ou celui de Pierre, mais qu'un, celui de Jésus-Christ ; ils n'ont pas deux étendards sous lesquels ils doivent marcher de ce monde à l'autre, mais qu'un seul, celui du pape, qui tient la place de Pierre, qui représente Jésus-Christ ; ils n'ont pas non plus deux âmes pour perdre l'une et sauver l'autre, ils n'en ont qu'une seule, qui pense comme l'Eglise catholique et apostolique.

Ici une observation est nécessaire. Quand on dispute sur la religion, certains enfants de l'Eglise confondent ce qui est une vérité avec ce qui n'est qu'une opinion. Les opinions se discutent parce qu'elles ne sont pas des vérités ; la vérité ne se discute pas, parce qu'elle est absolue, elle se croit tout simplement. La vérité ne change pas, elle est toujours ancienne et nouvelle. Cela est vieux comme les premiers apôtres, comme les premiers chrétiens.

On accuse le pape, dans son *Syllabus*, de condamner le progrès, la liberté, la civilisation modernes.

Le pape a répondu, en 1864 : Jamais l'Eglise de Jésus-Christ n'a condamné le progrès, la liberté et la civilisation véritables, et la preuve, c'est moi qui les fait porter dans tout l'univers connu par les missionnaires, moi qui ai voulu les introduire au commencement de mon règne, de mon pontificat; seule, en les débordant, la révolution les a portés jusqu'à la licence, et les a perdus, et avec eux la paix sociale. Ce que je condamne, avec toute l'Eglise, c'est le faux progrès, qui enfante le mal, la fausse liberté, qui tue la véritable, la fausse civilisation moderne, qui sème les révolutions qui détruisent la vraie humanité, la vraie discipline, la vérité de l'Evangile. Car il faut se garder, comme font certaines opinions, de compter au même rang et de mettre sur la même ligne le bien et le mal, le vrai et le faux, le juste et l'injuste, le crime et la vertu. Ce sont deux lois différentes, venant l'une de Dieu, l'autre de Satan. Suivre la première, c'est amasser des couronnes sur sa tête pour une royauté éternelle, suivre la seconde, ne serait-ce pas amasser sur sa tête des charbons ardents pour son crucifiement éternel? Ne changeons jamais les choses, appelons-les par leur nom propre; ne blanchissons pas le vice et ne noircissons pas la vertu, quoi qu'en pense et quoi qu'en dise le monde, et vous serez bienheureux.

Le pape condamne les erreurs et ne damne personne; en voici la preuve :

Pie IX disait, en 1851 : Il est certain que l'Eglise de Jésus-Christ est la seule arche de salut, mais hors de cette Eglise, qui est la seule vraie religion, il est également certain que l'ignorance non coupable de la vraie religion ne constitue pas la moindre faute devant Dieu. Et qui oserait fixer les limites de cette ignorance, vu les raisons nombreuses des différentes nations, des différents caractères des peuples et de tant d'autres circonstances qui font que cette ignorance non coupable de la vraie religion excuse devant Dieu ? Mais l'ignorance coupable, qui a tous les moyens d'arriver à la connaissance de la vraie religion, et qui les néglige pour rester dans l'erreur, n'excuse pas devant Dieu, nous la condamnons justement.

En 1863, le Saint-Père disait aux évêques d'Italie : Vous savez que ceux qui ignorent d'une manière invincible notre sainte religion, mais qui observent fidèlement la loi naturelle et les principes gravés par Dieu dans le cœur de tout homme venant en ce monde, et qui mènent une vie honnête selon Dieu et les hommes, peuvent, par la lumière du Saint-Esprit et la grâce de Jésus-Christ, arriver au salut et obtenir la vie éternelle ; car Dieu, qui voit les cœurs, scrute les pensées, sonde les desseins, les esprits, les habitudes des hommes, les juge selon son extrême clémence, ne les punit point des supplices éternels quand ils n'ont pas été volontairement coupables.

D'après ces paroles tombées de si haut, nous devons croire que Dieu ayant révélé au monde une religion, l'homme qui la connaît ou qui a les moyens de la connaître, soit par les livres de la religion, soit par l'enseignement de l'Eglise, n'a pas le droit de refuser son obéissance à la volonté de Dieu formellement exprimée, sinon, d'après les principes catholiques, il en répondra devant Dieu. C'est ce qu'ont compris ces phalanges d'hommes qui sont arrivés à la sainteté, et dont s'honore l'Eglise. Mais, dans la pratique, nous croyons à plusieurs causes d'erreurs involontaires ; nous admettons les ignorances et les préjugés invincibles, et nous les abandonnons au jugement de Dieu, que nous ne voulons pas sonder ni scruter.

Nous ne condamnons donc point ceux qui ne croient pas être dans l'erreur ou qui, s'ils ont un doute, cherchent sincèrement à connaître la vérité de tout leur cœur et en toute sincérité. Dieu seul peut les juger.

Voilà l'enseignement de l'Eglise sur ceux qui sont dans les fausses religions ou qui ignorent la véritable. Donc, parmi eux, un grand nombre sera sauvé par la bonne foi. Prions pour eux afin que tous le soient. Dieu le veut.

On accuse le pape, c'est-à-dire l'Eglise, de condamner l'erreur de ceux qui soutiennent que tout homme a le droit d'établir la religion qui lui conviendra, par conséquent le culte de la déesse Raison, avec toutes les infamies du paganisme.

On accuse le pape, c'est-à-dire l'Eglise, de condamner l'erreur de ceux qui disent que tout homme vivant sous un gouvernement régulier a le droit de jouir d'une liberté sans limites, et de faire connaître ses opinions erronées et extravagantes sans être inquiété ou empêché par le gouvernement ou condamné par l'Eglise. Non, cette liberté de fabriquer une religion à son tempérament, de raisonner et déraisonner légèrement et méchamment sur tout ce qui est sagement établi, le gouvernement et le prince n'en voulant pas, ce serait l'anarchie en permanence. Ceux-là mêmes qui réclament cette double liberté sans frein, la détruiraient le lendemain du jour où ils deviendraient les maîtres de la situation, et la remplaceraient par un odieux despotisme. Cela s'est vu à toutes les époques de notre histoire.

On accuse le pape de condamner la loi sur la liberté des cultes; c'est faux. On ne la condamne pas quand on a des raisons de paix et de nécessité sociale pour l'établir, et lui-même l'a établie à Rome. Ce qu'il condamne, c'est d'en faire une loi essentielle, absolue, nécessaire du vrai et du juste pour tous les Etats et pour toujours. Donc ses ennemis se sont trompés.

On accuse le pape de condamner le suffrage universel, qui est presque un mensonge universel; c'est faux, puisque lui-même est élu par le suffrage universel des cardinaux. Ce qu'il condamne, c'est l'erreur qui met la force matérielle, aveugle, à la place du droit, l'erreur, qui prétend faire une loi suprême, nécessaire, universelle de l'opinion de la multitude, quand même cette opinion serait contraire à la loi de Dieu et au droit humain. Non, il faudrait plutôt bénir le pape d'avoir eu le courage de proclamer en face de l'univers que le droit du plus fort n'est pas toujours le bon droit, et qu'il ne prime jamais.

Ainsi le pape a parlé ; comme saint Pierre, comme saint Paul, il condamne les abus, il absout le mal nécessaire, il enseigne sur les toits la vérité sur les choses de ce monde ; il s'écrie avec saint Paul : Qu'y a-t-il de commun entre la justice et l'iniquité ? quelle union y a-t-il entre la lumière et les ténèbres ? quel accord peut-il y avoir entre le Christ et Bélial ?

De même, catholiques, nous condamnons ce que condamne le pape, nous approuvons tout ce qu'il approuve, et nous entrons dans la vérité de l'Evangile et le chemin étroit qui mène à la vie où sont entrés tous les saints.

On le voit, le pape, parlant à l'Eglise entière, ne nomme personne, ne flatte personne, ne blâme personne, laisse chacun libre de suivre son opinion, qui peut être bonne. Gardien de la foi, qui est une gardienne de la charité, il cherche à unir les hommes et non à les diviser, il donne des enseignements dont les gouvernements et les particuliers doivent profiter, il ne songe qu'au triomphe de la vérité dans les âmes.

On doit donc prendre en pitié les puissants du peuple qui s'imaginent qu'on parle d'eux et qu'on les condamne d'une manière absolue, et qui se présentent au peuple avec le sourire de ces bonnes femmes de village, qui, pendant le sermon, ne sont occupées qu'à en appliquer toute la sévérité à leurs voisins et voisines.

Pour nous résumer, disons que le docteur de nos âmes a reçu d'en haut les promesses divines d'assistance, comme il en tient son indépendance et sa souveraineté pontificale, parce que l'Eglise, qu'il fait paître dans de bons pâturages, repose sur lui comme sur le roc ferme et inébranlable. Par conséquent, la foi réglementée n'est plus la foi, c'est l'oppression. La liberté réglementée par la puissance civile, n'est plus la liberté, c'est la tolérance, parce que la liberté se règle et ne se réglemente pas. La loi peut supprimer la liberté, mais ne peut pas supprimer la foi.

Toutes les révolutions ont commencé par proclamer la liberté et la diminution des impôts, ceux surtout qui pèsent sur le peuple ; bientôt ils reparaissent plus lourds qu'auparavant. Pendant qu'on crie à tue-tête : vive la liberté ! la révolution s'installe en tyran sur le trône, ne songeant qu'à s'engraisser en opprimant l'honnête majorité des citoyens, qui sont partout le grand nombre ; elle ne se rend facile qu'à quiconque tend à faciliter sa marche en avant.

L'histoire et la logique n'attestent-elles pas que certaines révolutions n'apportent que des iniquités, des injustices et des sacriléges ?

C'est pourquoi, d'après cette parole du Christ aux apôtres : *Euntes in universum mundum et docete omnes gentes*, l'Eglise a toujours réclamé la liberté de son culte et de son enseignement avec force de raisons, ce qui contrarie fort les projets révolutionnaires, et embête la politique astucieuse. Mais la conscience publique finit toujours par céder à ses réclamations longtemps méconnues. Toujours victime, l'Eglise eut le temps de s'accoutumer à son martyre; c'est ce qui fait sa sainteté et sa durée.

Dieu, la souveraine autorité et vérité, a donné à l'homme la souveraine liberté du choix de l'arbre de la science du bien et du mal, de la vie et de la mort.

Cette liberté absolue n'est malheureusement que trop souvent employée contre la vérité autoritaire de Dieu, créateur et bienfaiteur qui la respecte jusque dans son plus grand ennemi. Mais, malgré la guerre à outrance qu'on lui fait, on n'a pu encore lui enlever son caractère propre, sa force qui s'impose à tous.

La liberté individuelle marche avec un grand bruit de paroles ou avec éclats de tonnerre.

Au contraire, la vérité s'avance lentement, résolument, sûrement, et sans escorte, la tête entourée du cercle de l'auréole, et, à mesure qu'elle se montre, les nuages amoncelés des mensonges et des calomnies s'enfuient, les erreurs monstrueuses contre le dogme, la morale, les pratiques religieuses et la politique des siècles se dissipent, les fictions des grands trompeurs du siècle se purifient, car cette clarté les aveugle, l'autorité de la vérité souveraine les importune.

L'atmosphère n'est plus chargée d'azote, le ciel de l'Eglise est pur. Qu'elle se montre à visage découvert, et le peuple docile à tout ce qui ne le flatte pas tombera à genoux devant elle pour l'acclamer et la servir, dégoûté des flatteurs intéressés.

N'est-ce pas là une leçon de l'histoire universelle du grand Bossuet? Oui; mais quand sera-t-elle devenu un fait accompli? N'en voyez-vous pas poindre l'aurore dans tout ce qu'entendent vos oreilles et dans tout ce qui se passe sous vos yeux? Le bien et le mal, ces deux puissances de ce monde, ne sont-elles pas aux prises? Seriez-vous encore à douter de l'issue de la lutte ou à attribuer ce revirement au hasard? Mais c'est la loi de l'histoire enseignée par les exemples du passé, tradition certaine et constante qui fait la force des hommes justes et la confusion des hommes du mal. C'est tout ensemble la foi sociale qui donne à ses croyants la sérénité dans l'avenir, ce dont la foi chrétienne seule a le privilége.

En janvier 1842, M. Guizot disait à la tribune française : Je sais que les partis révolutionnaires sont aveuglément enrégimentés ; je sais qu'ils font bon marché de la religion en général, du catholicisme en particulier. Je sais qu'ils se figurent qu'ils anéantiront tout cela. Ils l'ont essayé plus d'une fois. Ils ont cru qu'ils avaient emporté ces vieilles grandeurs des sociétés humaines, et elles ont reparu derrière eux, elles sont revenues plus grandes qu'eux. Ce qui a surmonté les passions de la Révolution et de Napoléon Ier surmontera bien les chaudes fantaisies du radicalisme athée.

C'est un principe que la sage et vraie liberté ne s'implante dans les mœurs d'une nation qu'après une période d'autorité : c'est historiquement vrai, puisque, pour exister et se développer pacifiquement, la liberté demande une société solidement organisée sur les bases de la doctrine catholique, c'est-à-dire, sur l'ordre et l'ordre ne s'obtient, d'en bas en haut, que par l'autorité. Hors de là, dictature, absolutisme, anarchie, honte.

Ne croyez pas que ce soit là une pure fiction ; non. N'entendez-vous pas les cris de haine et de révolte poussés par les radicaux de la libre-pensée, protestants, francs-maçons, internationaux, contre l'autorité, l'ordre, la liberté souveraine, toutes choses saintes qui mènent à Dieu, à la sainteté, les individus comme les sociétés.

Depuis quatre ans surtout, nous sommes devenus un peuple bien blasé sur toutes les notions religieuses et sociales. Cela signifie révolution et non résurrection, guerre à la société établie de Dieu, et à la religion établie de Jésus-Christ.

Les déclassés ou prétendus tels, pour monter aux honneurs et à la fortune, se sont mis à

écrire et à crier au peuple, aux travailleurs des villes et des campagnes : « Vous êtes les vils
« esclaves d'un Dieu qui n'a nul souci de
« vous. Vous êtes les dociles instruments de
« la superstition religieuse dont vous êtes les
« aveugles victimes ; or, l'une enchaîne votre
« dignité d'homme libre, tandis que l'autre
« vous humilie sous prétexte de perfection ou
« de sainteté, pour arriver, selon elle, à un
« bonheur éternel imaginaire. Levez-vous,
« renversez ces deux odieux pouvoirs qui sont
« deux obstacles à la perfectibilité indéfinie
« de l'humanité, c'est-à-dire à la liberté et
« au bien-être matériel auxquels vous appelle
« votre unique destinée. »

Et le peuple s'est levé et s'est rué sur la société et sur l'Eglise, une torche en main allumée par les discours et les écrits des libres-penseurs.

Ce châtiment devait nous corriger et toujours nous nous laissons entraîner dans le courant des voies grossières et des passions extrêmes.

Quand le mal triomphe et que tout le monde

souffre, nous nous prenons à regretter le passé, mais sans rien entreprendre pour notre régénération. L'Eglise et les leçons du passé ont beau nous crier : C'est la seule voie du salut, ces deux voix ne sont qu'un faible écho à nos oreilles à peine descendu dans notre cœur.

Cette guerre déclarée contre la vérité qui est un des caractères du XIXe siècle et d'hier encore a pris une nouvelle recrudescence depuis que Sainte-Beuve et *tutti quanti* a proclamé du haut de la tribune sénatoriale la morale indépendante ne relevant que de la raison naturelle, et inauguré le repas gras le Vendredi-Saint.

Tous ont la folle prétention par leur négation de Dieu créateur et rédempteur, leur éternité de la matière, leurs niaises erreurs des dogmes catholiques, leur raison déifiée, leur redoutable Internationale, leur future revanche de la Commune, de tout ramener au niveau égalitaire, pour ne plus laisser de place, dans de nouvelles couches sociales, au culte de la superstition.

Mais une fois les maîtres de la situation, c'est le chaos. Les malheurs que nous a fait subir l'étranger, les hontes de l'affreuse Commune parisienne qui ont souillé la robe et fait rougir le front de la patrie, en sont la preuve évidente. Seuls, les aveugles volontaires ne veulent pas l'avouer, et si elle n'a pas disparu au milieu du feu et du sang, c'est que Dieu, non à cause de son esprit, mais à cause de son grand cœur, lui a destiné une mission dans le monde.

La force du mal né de doctrines subversives de tout ordre moral et matériel peut bien triompher un jour, mais la force divine qui mène à ses fins les hommes qui s'agitent pour le mal, creusera bientôt après son tombeau.

Le ciel de l'Eglise peut être obscurci par la multitude des erreurs pour resplendir ensuite d'un nouvel éclat, et montrer aux yeux étonnés la vérité dans toute sa lumière, celle qui nous a créés et rachetés sans nous, et qui ne nous sauvera pas sans nous. Donc la lutte est devenue une condition absolue de salut.

Dieu dispose des événements comme il l'entend, dans le secret de son conseil, il est vrai, mais aussi il exige de nous une participation intentionnelle et active, soit par la réflexion de l'esprit et la prière du cœur, soit par la parole, la plume et l'action.

Ces principes antérieurs et supérieurs ont conduit à une éminente sainteté un digne français de Montpellier dans l'accomplissement de sa mission providentielle et humanitaire. Tous et chacun de nous a la sienne ici-bas.

Qu'on ne l'oublie donc pas, seule, la force d'inertie ne sauve pas les sociétés malades, mais bien les deux forces actives, la prière et la lutte. En effet, Dieu ne demande rien d'impossible aux hommes et aux peuples, mais il leur demande pour vaincre le mal de joindre ensemble les deux puissances qu'il leur a données, la parole et l'action, la prière et la lutte intérieure.

La libre-pensée qui confond à plaisir le bien avec le mal, qui méprise ce que les siècles ont respecté, pour nous faire croire à la bonté de ses théories, de son langage paradoxal et de ses actes audacieux, il faut qu'elle ait une bien triste idée de l'intelligence et de la force d'inertie d'une majorité catholique et conservatrice qui ne sait pas se lever pour laver sa lâcheté.

Cependant sa résurrection approche. Déjà ceux qui raisonnent s'aperçoivent que son influence subit une décroissance ; les déclamations furibondes de la presse athée les éclairent.

En effet, personne ne doute aujourd'hui qu'elle ne se contenterait plus de pervertir l'esprit public, mais qu'elle irait sans rougir à la révolution sociale et religieuse, c'est-à-dire, à la mort des principes constitutifs de la société et de la sainteté. D'ailleurs elle ne s'en cache plus, elle l'avoue ingénument, elle en brûle d'envie et d'impatience, sitôt qu'elle aura chassé Dieu de son temple et mis bas le pouvoir légitime. Cela est prouvé par ses fréquentes démonstrations hostiles à ces deux pouvoirs et par ses éloges répétés de la Révolution, qu'elle croit excuser en disant qu'elle ne date pas de 1789, comme si nous ne le savions pas de reste, comme si de Maistre n'avait pas tracé son histoire.

La Révolution existait déjà en germe aux premiers jour de l'humanité; elle s'appelle Caïn l'envieux, elle existait ensuite à Jérusalem et s'appelait le peuple souverain demandant le crucifiement de Jésus; puis elle reparait à tous les siècles la bouche pleine de blasphèmes, et les mains souillées de sang, car elle fait mourir tout ce qu'elle touche. On la retrouve au XVIe siècle, elle se nomme Luther, ou guerre de religion, qui détruit la grande famille chrétienne des peuples et rend la paix impossible; elle enfante bientôt la Saint-Barthélemy, œuvre toute politique et point du tout religieuse, que l'histoire mensongère et calomniatrice fait retomber sur la religion qui a sauvé dans ses églises et ses palais épiscopaux des milliers de protestants, qui, en s'y réfugiant, ont eu la vie sauve. Celle de 1789 est sa fille devenue mère du rationalisme libéral qui a flatté et armé la presse.

Ainsi tombe leur éloge de la Révolution qui

n'a jamais eu droit de légitime défense quand elle associerait la moitié de la France pour servir les haines de l'autre moitié.

Il est vrai, dans le for de la conscience, les radicaux libres-penseurs savent bien que les vérités fondamentales de la religion, sont hors de toute conteste. C'est pourquoi après avoir plaidé contre elle le faux devant le peuple illusionné, ils ne peuvent pas entre eux se regarder sans rire, et ils se mettent en colère lorsqu'on leur prouve qu'ils mentent à leurs consciences et que la vue du moindre petit prêtre (*sic*) est capable d'affecter leurs yeux où brille le ciel en même temps que l'enfer dans leurs âmes. Leur expression de petit prêtre veut dire sans doute qu'il leur est plus facile de le dévorer petit que grand. Ces messieurs seraient drôles quelquefois s'ils n'étaient toujours méchants. C'est impossible d'avoir plus de traits de resressemblance avec le singe qu'ils ont adopté pour leur ancêtre, ayant comme lui les mêmes intérêts, plume inique, langue tranchante, soif avide de domination et de jouissances grossières, grimaçant en face de la vérité révélée, méchants en haine de l'ordre, du vrai, du beau, de la règle de la foi et des mœurs, malveillants pour le seul plaisir de l'être, enfin féroces quand ils se sentent les plus forts. Mais la force sans le droit se brise ; elle leur échappe, parce que le droit n'est pas avec eux. C'est en quoi ils diffèrent de leurs ancêtres de 1793 qui ne descendaient pas du singe, mais du tigre.

Ce qui passe l'imagination, c'est que ces héros sans principes certains, avec des mots et non des choses, ont de plus jusqu'ici conservé de l'influence sur le bon sens du peuple. Cela s'explique par le poison répandu à flots, par l'affiliation aux sociétés secrètes, par la nouveauté qui capte la multitude souvent inconsciente de ses actes. Cette influence est un tel contre-sens dans une société et surtout dans une société dont la majorité est essentiellement catholique, qu'il faut en trouver la cause dans son inertie. Elle ne manque pas pourtant d'intelligence, d'instruction, d'initiative, mais elle n'ose se mettre en avant, elle craint la peine, elle se défie de ses forces ; elle se repose sur son droit et sur son personnel, au lieu de se vouer à la diffusion de la lumière et de la vérité par tous les moyens en son pouvoir, tenant toujours d'une main ferme le glaive de la justice en luttant de front le torrent dévastateur.

Au contraire, les libres-penseurs, radicaux en religion comme en politique, pleins d'activité, de promesses fallacieuses, parfaitement organisés, obéissent comme un seul homme à un mot d'ordre descendu de haut, pendant que le désastre moral et social peut seul leur dresser un piédestal, et passent leur vie à nier le surnaturalisme, à professer le matérialisme, le socialisme, Dieu, le mal ; la propriété, le vol ; le capital, le chancre ; la famille, l'égoïsme ; l'héritage, une duperie ; l'Eglise, le vampire ; le ciel, la jouissance terrestre, autrement dit le sensualisme ; l'enfer, un idéal paien.

Hommes d'ordre, catholiques sincères, possesseurs éclairés qui vous êtes élevés vous-mêmes par un labeur honnête, descendez comme eux vers le peuple, usez de votre influence légitime, arrachez-le à la morale indépendante de Dieu et votre catholicisme chrétien vaincra le mal par le bien : *vince bono malum*. Car, voyez-vous, votre force d'inertie ne repousse rien, ne guérit rien. Le bas peuple n'est pas naturellement méchant, que votre dignité communique avec lui par vos actes de citoyens et de chrétiens, par votre intelligence et votre superflu ; son grand cœur bénira le vôtre, et marchera sur vos traces, vers Dieu, vers l'Eglise, vers la sainteté, à laquelle il est appelé comme vous par le Christ. Alors seulement la France chrétienne régénérée marchera dans la paix à de nouvelles et fécondes destinées.

Agir autrement, vous cantonner chez vous, c'est oublier le premier de vos devoirs, c'est engendrer la jalousie contre le riche, c'est enfanter la révolte, c'est faire monter l'enfer sur la terre et fermer le ciel, c'est fabriquer des lois sans sanction religieuse, c'est tisser de fragiles toiles d'araignée que le moindre vent populaire brise aussitôt. Si vous voulez qu'il porte des fruits, il faut que l'exemple descende de haut. Votre abstention morale et matérielle est une plaie de notre époque, et cette plaie ne peut se guérir que par l'accomplissement sérieux de tous vos devoirs civiques et religieux, base de toute société bien organisée ici-bas, et qui mène sûrement à la société triomphante d'en haut. Ne vous rassurez pas sur un certain ordre matériel, sur une tranquilité apparente, sur un repos trompeur, c'est souvent le calme plat de la mer si redouté des matelots, et précurseur de la tempête.

Le mépris des choses saintes, le débordement d'athéisme qui se manifeste dans certains discours ignobles, dans certains journaux frondeurs, barre le passage à la perfection évangélique et jette la piété hors de ses gonds ; leur rage contre le culte de Dieu et des saints, les paroles sinistres qui leur échappent, certains faits matériels qu'on hésite à expliquer, tout prouve que la guerre est déclarée contre les principes éternels, Dieu, son Christ, son Église, la sainteté, et que la lutte inextinguible du bien contre le mal doit être conduite virilement par tous et chacun, selon le conseil de l'Évangile : *Veillez et priez pour ne pas succomber*. Le salut est à ce prix.

Or, ce n'est pas par l'inertie qu'on défend son avenir terrestre aussi bien que son avenir immortel, mais en luttant comme les saints contre le torrent des monstrueuses erreurs modernes et le sensualisme qui envahit toutes les classes de la société ; mais en se montrant les uns aux pieds des autels, les autres aux remparts pour tenir tête à l'ennemi de Dieu et de l'homme, qui puise sa force dans notre mollesse ou faiblesse apparente. Il a pour lui le nombre et l'audace, mais nous avons le droit et la justice qui finissent tôt ou tard par un triomphe. C'est notre devoir de le hâter, chacun dans sa sphère.

Cette mission des catholiques, pour être fructueuse, doit auparavant contracter une alliance avec le vainqueur du monde, Jésus-Christ, qui a attaché à son char de triomphe le monde, l'enfer et la mort. Ce roi des rois leur répondra : mes enfants, ne craignez point, j'ai vaincu le monde : *ego vici mundum*.

En effet, c'est par la vertu de cette puissante parole que le monde a été vaincu par les apôtres, les martyrs et tous les saints, qui ont finalement remporté la victoire, pleins de confiance en cette parole divine.

Les impies, les incrédules croient bien arriver à vaincre le Christ, mais ils finiront par s'écrier avec le puissant empereur Julien l'apostat : vérité, tu as vaincu, et pendant que devant toi s'ouvrent les portes du ciel pour y entrer triomphant avec des milliers d'âmes rachetées par ton sang et ta croix, nous, nous tombons dans la compassion pour répéter éternellement ce cri de désespoir : *erravimus*, nous nous sommes trompés !

Aussi, voilà l'alliance qui déjà se fait, qui est faite, qui annonce le réveil de la foi et promet la victoire.

Tous nos libres-penseurs, qui ne sont qu'une majorité négative, ne sont pas tous arrivés au même niveau de négation. Beaucoup d'entre eux tiennent encore au tronc de la foi, au sel de la terre. Mais tous les grands mangeurs de prêtres, par leurs intempérances de langage et leurs cris se sont persuadé avoir tué la foi parce qu'ils ont sonné ses funérailles. Heureusement elle se porte bien, puisqu'elle se montre au grand jour et se manifeste à leurs yeux stupéfaits par de grands actes de foi. Savez-vous ceux qu'ils ont épouvanté par leurs agissements terroristes ? les plus modérés, les plus résignés, les plus sensés de leur parti qui reviennent à l'antique foi, pour reprendre bientôt le chemin de l'Église.

La foi c'est le plus grand de tous les bienfaits, un bienfait qui peut tenir lieu de tous les autres, et sans lequel tous les autres ne sont rien. La foi engendre non-seulement les vertus qui font les saints, mais encore les autres vertus civiques. C'est pour s'en être trop écartée que la nouvelle France, autrefois si riche en grands saints et en grands hommes, a perdu ses mâles vertus qui l'auraient empêchée d'être actuellement si cruellement éprouvée, et de souffrir tant d'autres maux matériels et moraux.

Le second bienfait de la foi, c'est la liberté d'aller, de venir, de manifester son culte, de remplir toutes les obligations de chrétien et de citoyen, sans être inquiété, surtout quand on est en règle avec la loi. Cette liberté n'existe guère sous un gouvernement qui n'a pas le tempérament de l'Europe.

La liberté religieuse est pourtant le rempart de toutes les libertés; sans elle elles disparaissent sous la tyrannie.

Le troisième bienfait de la foi, c'est l'ordre. L'ordre mène à Dieu, à la paix; le désordre, à l'abaissement et à la mort, tandis que l'ordre c'est la santé des nations.

Les républiques sentent quelquefois la nécessité de le conserver pour maintenir la paix sociale, et pour un temps limité. Car, s'il le fallait, c'est dans un vaste cimetière qu'elles enterreraient l'ordre. Alors elles feraient la paix des tombeaux et se tueraient aussi bien que les monarchies.

Dieu donne un délai soit à la politique, soit au châtiment des nations coupables ; il ne change pas les choses humaines contre les lois générales de l'ordre établi soit en bien, soit en mal, car le mal a aussi son ordre qui est d'empirer, et sa loi qui est de donner la mort.

L'anarchie aboutit facilement au despotisme ; c'est un remède honteux, quelquefois il est impossible, et alors la nation expire dans son triomphe.

Qu'entend-on par peuple souverain, si exalté aujourd'hui ?

Bossuet, répondant au protestant Jurrieu, le dit en une parole immortelle : « Bien que le peuple soit souverain en ce royaume, il n'y a pas même de peuple en France ; le roi seul c'est le peuple. Comme la tête fait le corps, le roi est la liberté, voilà la tête, voilà le peuple souverain, voilà sa dignité ! »

Les radicaux de toute espèce jettent feu et flamme sur ces principes de droit commun. Le présent les trouble, l'avenir les inquiète, le passé les écrase. C'est pourquoi ils ont installé sur le radeau républicain leur naturel, leurs bagages, leurs idées industrielles, toutes leurs espérances, se fondant sur le nombre et la discipline des sociétés secrètes. Aussi ont-ils troqué leur dignité, leur liberté d'action pour un petit piédestal qu'ils élèvent à un plus haut prix que ce qu'ils ont aliéné. Les esclaves, ils ont désiré ce piédestal et rehaussé tous les ambitieux de bas étage qui ne savent point résister à la vanité de s'y poser, quand bien même leur intérêt personnel réclame l'ombre et l'obscurité. Son apparition est de fraîche date, et pourtant elle a bientôt fleuri ; c'est la nature du mal : *exempla trahunt*. Cette floraison a vite poussé en puissance et en influence malsaine, comme les champignons vénéneux sortent d'un tronc en décomposition.

CHAPITRE VI

RÉVEIL DE LA FRANCE CATHOLIQUE OU VICTOIRE DE L'ESPRIT D'ORDRE SUR L'ESPRIT DE DÉSORDRE.

Les causes du mal sont :

1º Certains écrivains écrivant le mal pour qu'il arrive du mal ; ils seraient dignes d'habiter parmi les Peaux-Rouges parce qu'ils abusent du don de Dieu : la liberté révoltée contre lui ;

2º L'indifférentisme, dont le premier fruit est l'irréligion, qui, s'universalisant, a produit l'apostasie de la société. Après avoir chassé Dieu des villes, des bourgades, des gouvernements et des lois ;

3º Les politiques qui ont posé les premiers principes d'un état athée en pesant de tout leur poids sur le domaine spirituel.

Le peuple de 89, par une logique inexorable, n'a fait que tirer les conséquences des principes que le pouvoir avait inventés contre Dieu, son Christ, son Église. Plus tard, de notre temps, des politiqueurs ont cru faire preuve de génie en apportant la séparation et l'indépendance absolue des deux pouvoirs.

Ils pensaient constituer une société en dehors de toute religion, gouvernée uniquement par la seule raison individuelle et collective, et laisser la vérité et l'erreur seules se disputer le terrain qu'ils avaient mission de garder pour la vérité. C'est d'eux que le socialiste Proudon a dit : « Ce sont des blagueurs, ne les croyez pas, mais croyez et suivez le premier mouvement de votre conscience, c'est le bon ; la première pensée du bien c'est la meilleure. »

Et Victor Hugo n'a-t-il pas écrit les lignes suivantes à son ami Hugelmann, prisonnier en Afrique pour participation à l'insurrection de juin 1849 : « Croyez-moi, réfléchissez, voyez le néant de toutes ces fausses idées qu'on vous prêche, fantômes, chimères, mensonges ! où tout cela vous a-t-il conduit? à des luttes désespérées et inégales soutenues contre des vérités éternelles : le catholicisme et la monarchie.

« Réfléchissez donc, vous qui êtes une intelligence. Le propre des esprits éclairés est de ne pas devoir être longtemps des esprits passionnés. Puisse cet esprit te revoir et te faire marcher en avant comme Silvio Pellico. »

Hélas! poète illustre, que n'avez-vous fait vous-même au lieu de chanter la palinodie qui vous condamne.

Et les aveux de Bernard en face de la mort : « J'ai été entrainé, excité par les mauvais journaux et les conseils pervers qu'on nous donnait dans les clubs et les réunions politiques et secrètes. Ce ne n'est pas moi ni ceux qui ont pris part au meurtre du brigadier de police Vincouzini qui sommes les plus coupables, ce sont ceux qui nous poussent chaque jour et chaque nuit à nous mettre en rébellion contre les principes sociaux. »

Et sur le point de recevoir le plomb mortel, il s'écrie de nouveau :

« C'est aux ouvriers et aux vrais travailleurs que je m'adresse. Qu'ils se défient toujours de ce qu'on dit dans les réunions, ce sont ces beaux discours impies et révolutionnaires qui m'ont conduit où me voilà. »

Toutes, grandes et petites intelligentes, furent trompées, et de là est né le libéralisme catholique qui a fait et fait encore de grandes concessions à l'erreur. Les événements qui ont suivi ne prouvent-ils pas que tout gouvernement qui vit de mensonges est un gouvernement perdu? Pour ne citer que la France, ne vient-elle pas d'expier noblement l'œuvre de ses fautes, et entre toutes de payer cinq milliards au soudard prussien pour une somme égale de biens pris au clergé? Quand Dieu frappe, c'est pour relever celui qu'il humilie. Comme c'est la France, il veut sauver l'Europe par elle. Déjà il semble qu'elle commence à comprendre que sa grandeur réelle consiste à être catholique et que sa force consiste en sa défense.

Ainsi tendent à disparaître les trois causes du mal qui ont fait le présent, et la réparation par le renouvellement qui s'opère fera l'avenir.

En effet, un grand mouvement catholique s'est fait jour en France et à l'étranger ; c'est l'indifférentisme ou le respect humain foulé aux pieds ; c'est le réveil de la foi qui crie vers Dieu et ses saints. Des centaines de mille de catholiques de tout sexe et de toute condition se sont levés et ont couru aux sanctuaires révérés et vénérés répandus sur le sol français et dans quel but ? pour offrir leurs humbles pétitions en faveur de la paix, du salut et du triomphe de l'Église et de la France. Ils se sont agenouillés, le front dans la poussière, le cœur palpitant de ferventes prières et les yeux pleins de chaudes larmes, et se relèvent joyeux, pleins d'espérance. Après la réparation, le retour à la clémence divine, et la rentrée dans les principes de la vie chrétienne, ils laissent s'enfuir derrière eux le noir nuage des monstrueuses erreurs amoncelées sur le monde moral, que sillonne bien encore l'éclair révolutionnaire, mais qui laisse apercevoir l'arc-en-ciel de l'espérance pour des jours sereins et glorieux.

Mais, qui a inspiré cette grande manifestation populaire de la foi en 1872, 1873 et 1874? C'est un esprit, un souffle divin qui, après des épreuves douloureuses et des bouleversements terribles, est venu réveiller les consciences endormies, faire reluire le sommeil de l'antique foi, montrer l'abîme creusé par le mal social, fixer les regards vers l'étoile polaire, et les rattacher à Dieu, le père de la paix et du bonheur du monde.

Il est bon de noter ici que ce réveil de la foi ne s'est pas opéré sans opposition, et que les fils de Luther n'ont pu se tenir dans le calme et les limites de la liberté dans cette immense et pacifique manifestation. Absolument partout les pélerins ont été insultés et ont éprouvé leurs actes de sauvagerie qui, au lieu de les intimider et de les décourager, les ont rehaussés aux yeux de la foi, leur doctrine étant de se défendre et non d'attaquer.

Allez! protestantisme, radicalisme, libre-pensée, c'est tout un, car l'une n'est-elle pas la fille de l'autre? Prenez quelques centaines de ces ouvriers, fruits secs de toutes les écoles, qui donnent le mot d'ordre, d'écrivains qui ont assez de talents pour agir sur les masses, des braillards qui font retentir la voûte céleste de leurs discours, de leurs imprécations, de leurs actes et de leurs articles, et vous verrez la France catholique reprendre bientôt son antique prospérité intérieure et sa légitime influence dans les conseils de l'Europe.

Ainsi la France catholique n'est pas morte puisqu'on n'a pas pu tuer sa foi. Elle a pu sortir des principes sociaux de la vie chrétienne comme toute société malade, mais les affirmations éclatantes de sa foi ne sont-elles pas une régénération, un réveil à des jours meilleurs? La clémence divine la regardera et exaucera son peuple qui ne l'invoque jamais en vain, et ce sera le règne royal de Jésus-Christ qu'auront acclamé les populations catholiques, en jetant à tous les échos le cri de leur invincible espérance.

L'irréligion scandaleuse résistera-t-elle ? Dieu seul le sait. Il sait si ce sera une grâce qui sauve ou une foudre qui écrase.

S'il ne doit plus y avoir de gouvernement chrétien, il y aura toujours un peuple chrétien dont le cœur et l'âme prieront les amis de Dieu, et dont les bras porteront le glorieux étendard, et seul il restera debout quand la société moderne, saoûle de matérialisme et de sensualisme, s'écroulera sous le poids de son indifférence, du respect humain et de son irréligion. Et voilà comme des ouvriers, des soldats, de nobles personnages, des vieillards, de courageuses femmes du peuple et de grandes dames, quittant leurs travaux journaliers, sont allés au loin à des autels privilégiés préparer l'avenir de l'Église et de la France par le triomphe sur le monde social.

Déjà nous assistons à l'exécution et au trépas de tous les systèmes philosophiques inventés par l'orgueil des théoriciens qui argutient sur des pointes d'aiguilles. Il n'y a plus d'ordre et d'amitié que dans l'Église et l'armée ; elles seules ont résisté aux furieux assauts d'une folie révolutionnaire.

Au milieu de ces terribles épreuves, la France a en ce moment un côté brillant et consolant, ce sont les progrès du catholicisme et la fidélité de son armée.

L'Église et l'armée, c'est-à-dire la foi et la force, qu'elles soient inséparables, car la force sans la foi ne peut durer ni la remplacer. Il ne lui manque qu'un monarque héroïque en ce temps si tourmenté et si divisé d'opinion. Pour l'obtenir, tous les chrétiens doivent s'envelopper de sacs, se couvrir de cendres et prier à deux genoux.

Malheureusement il y a des radicaux blancs qui ne font pas moins de mal à leur cause que les radicaux rouges à la leur. C'est toujours en outrant les principes que les causes, même les meilleures, se perdent.

D'ailleurs, l'histoire n'apprend-elle pas que

c'est en violentant les consciences qu'on fait des libres-penseurs et des matérialistes, que c'est l'absolutisme en politique qui amène les ressentiments qui éclatent ensuite en révolutions, que c'est l'union dans le patriotisme chrétien aux principes constitutifs qui fait la stabilité, la prospérité et le bonheur des nations ?.

Agir autrement à ces principes, c'est jouer le jeu des ennemis de notre foi auxquels l'esprit du mal, sentant bien qu'elle est le seul obstacle sérieux à ses projets de renouvellement social, lui ont déclaré une guerre mortelle et incessante, en accumulant contre elle, outre mesure, des assertions puériles sans nulle preuve philosophique ou théologique, et ne sont nullement le résultat du fanatisme, mais bien de la haine révolutionnaire, ainsi que l'explique avec une grande autorité de vérité et de notoriété le vénéré Pie IX dans son Syllabus et son Encyclique.

Les libres-penseurs radicaux en politique et en morale ne reconnaîtront jamais leurs erreurs parce qu'ils croient à l'infaillibilité de leurs doctrines, infaillibilité qu'ils refusent à l'Église, parce qu'ils croient à la nécessité de leur domination, nécessité qu'ils refusent à l'autorité légitime.

C'est la marée rouge toujours montante qui, si les chevaux-légers de l'union conservatrice n'y prennent garde, entraîneront le pays aux abîmes.

HISTOIRE DE LA FRANCE.

Pourquoi la noble France est-elle tombée si bas ? parce que dans un jour de folie, elle s'est livrée à l'esprit du mal révolutionnaire, et Dieu s'est retiré d'elle. Mais Dieu qui l'aime encore permettra qu'elle se relève un jour moralement et matériellement, et ce jour là ne peut tarder ; les ennemis de la foi tomberont à leur tour.

En effet, un Belge, écrivain distingué, disait

tout dernièrement : On ne nous ôtera pas l'idée que cette France croyante et pieuse ne soit pas la France de l'avenir, et ne puisse pas remporter sur la France libérale, radicale et athée une complète et décisive victoire.

Le *Bien-Public* de Gand, du 3 novembre 1873, disait aussi : Après tout, l'on voit déjà rayonner sur les sommets de l'espérance chrétienne la lumière de la vérité et de la justice dans laquelle un grand pape et un grand monarque embrasseront une société repentante.

La France, une fois sauvée, ne le sera pas seule. C'est la destinée des Francs, aimés de Dieu, de donner le branle aux autres peuples : *Gesta Dei per Francos*. Cette perspective se montre déjà aux espérances des bons et aux terreurs des méchants.

Pour combattre ces ennemis bien connus, puisqu'ils font à visage découvert aux principes constitutifs des sociétés humaines une guerre sans merci dans les clubs, les assemblées publiques, les discours outrageant la vérité, le droit, la justice, ainsi que dans ses journaux à la foire aux bêtises, il faut opposer une forte et constante union de tous les gens de bien en majorité, pour conserver intact le dépôt sacré des principes religieux et sociaux et pour hâter l'œuvre de Dieu; c'est d'une absolue nécessité; car l'ennemi n'a-t-il pas déjà donné l'exemple des horreurs que nous réserverait encore sa barbare victoire.

Sur la brêche donc! courage et confiance, et l'on verra, et plus tôt qu'on ne le pense, que les maux de la patrie des âmes cesseront, et que les Pharaons, les Hérodes et leurs séides s'enfuiront confondus dans les ténèbres des sociétés secrètes, et que de la terre délivrée s'élèvera le cantique :

Cantemus Domino : gloriosè enim magnificatus est.

Catholiques, la bannière éclatante du Christ est devant vous! l'Eglise et la France sont sous le pressoir le plus douloureux de toute leur longue existence.

La première attaquée au cœur même de son empire a vu enlever sa puissance extérieure nécessaire à sa liberté et au bon gouvernement des âmes. Abandonnée des puissances civiles, elle lève les yeux au ciel qui peut seul lui venir en aide, et qui viendra lorsque l'Europe indifférente sera suffisamment châtiée.

La seconde, jetée sans préparatifs dans une guerre formidable, foulée aux pieds par des armées immenses, a subi tous les malheurs et toutes les hontes, et comme si ce n'était pas assez de l'invasion étrangère, elle a vu ses propres enfants se déchirer entre eux, et comme voulant la détruire. En face de cette situation que lui a faite le genre humain, les catholiques ont un double droit à remplir : d'abord ils doivent aimer davantage l'Eglise et la France, lesquelles souffrent. D'ailleurs ne sont-elles pas deux sœurs ?

On le sait, il n'y a rien sur la terre qui accroisse l'amour comme la douleur de nos parents et de nos amis. Pourquoi en effet, une mère aime-t-elle davantage son enfant malade ? parce qu'il souffre.

Oserions-nous dire que Jésus-Christ lui-même, tout Dieu qu'il est, serait moins aimé de nous s'il n'avait pas souffert, si son front ne portait pas une couronne d'épines, si ses yeux n'avaient pas connu les larmes, lorsqu'il pleura sur le sort infortuné de Jérusalem, sa ville natale, et de l'incrédulité de la Judée sa patrie ; si son cœur sacré n'avait pas été ouvert par la lance du bourreau, et enfin si ses mains et ses pieds n'avaient été cloués à la croix ? N'est-ce pas là la cause de l'amour filial et empressé que le monde catholique porte à Pie IX ? Pourquoi nous le reprocher ? parce qu'il a changé sa couronne royale en couronne d'épines ?

Le pape et l'Eglise entière souffrent; nous devons les aimer d'un amour plus fort, les faire reconnaître et aimer autour de nous, même des méchants. La France aussi doit être aimée de nous, puisqu'elle est malheureuse, vaincue, divisée, menacée. Aussi devons-nous l'aimer d'un amour très-fort, non-seulement comme homme, comme Français, mais aussi comme chrétien, parce qu'elle sera toujours la fille aînée de l'Eglise. Baptisée à Reims dans la personne de Clovis, son véritable fondateur, où elle est née au catholicisme en même temps qu'elle naissait à la vie nationale, elle n'a fait depuis lors que progresser dans ces deux voies qu'elle a portées, jusque dans sa vieillesse, à sa plus haute expression, l'une par la gloire et la puissance, l'autre par la science et la sainteté.

Comptez, si vous pouvez, le grand nombre de docteurs, de saints français dont s'honore l'Eglise? C'est pourquoi sa mission providentielle a été conforme à sa naissance. C'est elle encore, autant que les yeux humains peuvent l'apercevoir, qui sera le salut de Dieu dans l'avenir, après s'être retrempée dans le christianisme par de mâles et solides vertus qui font les grands peuples dont la force d'âme méprise le luxe ruineux et les jouissances grossières qui les énervent et les font tomber sous le joug du sabre.

Parlons et agissons avec la même audace que nos ennemis qui ont dans l'âme des complices, ce qui explique leurs succès. Car, voyez-vous, la condition d'existence de la vérité et de la vertu sur la terre, c'est la lutte inextinguible.

Chaque catholique a ses droits et ses devoirs à remplir avec mesure et prudence. Qu'il accomplisse donc sa mission pour le bien de l'Eglise, de son âme et de ses frères, qui veulent comme lui arriver à la sainteté par l'accomplissement fidèle de tous leurs devoirs chrétiens et sociaux.

OBJET DE LA PREMIÈRE PARTIE.

Enfin, terminons en avouant franchement qu'en commençant cet avant-propos, nous ne pensions pas lui donner autant d'étendue, et voilà que nous avons écrit des pages ; mais notre impartialité nous fera excuser ; et notre silence sur tant de doctrines dissolutionnistes si universellement répandues et acceptées de nos jours n'eût-il pas été blamable ?

Maintenant hâtons-nous d'établir les vraies notions de la société et de la sainteté à laquelle le Christ nous appelle tous et dont nous en avons un grand modèle dans la vie de notre bienheureux saint Roch si pleine de curieux détails.

Ce ne sera d'ailleurs qu'une ancienne dette de reconnaissance que lui doivent les habitants de la paroisse de Trèves pour la délivrance de la peste, et que nous acquittons aujourd'hui, sûr que nous sommes d'avance de leur sympathie.

Nous plaçons sous les auspices d'un éminent auteur, haut placé, cette étude, entreprise pour la gloire de l'Eglise, celle de saint Roch, et l'édification de nos fidèles Triviens. — Puisse Dieu la bénir.

DEUXIÈME PARTIE

PRINCIPES THÉOLOGIQUES CONSTITUTIFS
DES SOCIÉTÉS ET DE LA SAINTETÉ

> Sancti estote sicut et ego sanctus sum.
> Saint Luc.

OBSERVATIONS PRÉLIMINAIRES

L'histoire, c'est le moniteur des peuples, c'est le cours des événements remarquables de chaque société, tel que l'ont déterminé la Providence divine et la liberté humaine.

Aux yeux de l'écrivain consciencieux, la vérité historique doit toujours dominer toutes les passions et quand il s'agit des dogmes chrétiens, l'homme ne peut pas, ne doit pas mettre sa raison seule, là où Dieu a mis un mystère, là où la raison et la foi doivent être unies comme deux sœurs, et aussi tant s'étonner des abnégations, des dépouillements et des abaissements des saints et du saint des saints qui révoltent si fort sa nature.

Si le style est l'homme, la littérature de l'histoire est l'écrivain. Or, la nôtre sera simple comme les faits historiques.

Mais avant tout, pour que nous ne fassions pas fausse route dans une matière aussi délicate que celle que nous allons traiter et que le lecteur ne s'égare pas à notre suite, il nous a paru indispensable de poser deux principes certains appuyés sur la théologie, et avoués par l'Eglise, qui en ces derniers temps a subi des envahissements audacieux des spoliateurs sacriléges, et la privation presque totale de sa liberté par l'impiété triomphante.

CHAPITRE Ier.

DOGME FONDAMENTAL DE L'ÉGLISE CATHOLIQUE

Notre-Seigneur Jésus-Christ, vrai Dieu, vrai homme, avait promis à saint Pierre d'établir sur la terre son royaume des âmes, c'est-à-dire son Eglise, par ces paroles : Tu es Pierre et sur cette pierre je bâtirai mon église, je serai avec elle tous les jours jusqu'à la consommation des siècles et les portes de l'enfer ne prévaudront pas contre elle, j'ai prié pour que ta foi ne défaille pas, pais mes agneaux, pais mes brebis et confirme tes frères dans la foi ; tout ce que vous lierez et délierez sur la terre sera lié ou délié dans le ciel.

Il a établi cette Eglise, après sa résurrection, par ces paroles : Recevez le saint Esprit, les péchés seront remis ou retenus à ceux à qui vous les aurez remis ou retenus.

Ce pouvoir a été remis aux seuls ministres légitimes de cette même Eglise à l'exclusion de tout autre.

Le jour de l'Ascension il a confirmé de nouveau ses promesses, ses pouvoirs et les priviléges de Pierre, en ajoutant ces paroles : Je vous laisse ma paix, je vous donne ma paix, celle que le monde ne connait pas, et je ne vous laisserai pas orphelins, je serai avec vous tous les jours jusqu'à la fin des temps.

Commençons d'abord par elle. Qu'est-ce donc que l'Eglise ? C'est une famille, une société, une assemblée ou Eglise vivante, dépositaire fidèle de la doctrine évangélique et apostolique.

CHAPITRE II

L'ÉGLISE

C'est la société de gens baptisés sous la direction doctrinale d'un chef suprême; c'est la barque de Pierre où sont montés tous les passagers de ce monde, régénérés dans les mêmes eaux baptismales, usant de la même liberté des enfants de Dieu, partageant et pratiquant la même foi et nourris de la même manne céleste, rendant hommage et obéissante volonté au pilote suprême, légitimement établi et divinement inspiré qui la dirige souverainement et sûrement à travers les brisants d'une mer populaire, toujours houleuse, à la terre des vivants, au rivage fortuné de la patrie éternelle.

Se séparer de ce pilote, c'est se souder à l'hérésie, car ce que l'âme est au corps, a dit Rohrbacher, l'Eglise l'est au monde, à l'âme du monde; l'amour tarit sa sève divine et sa vie morale et intellectuelle s'en va.

CHAPITRE III

LE PAPE

L'amour de deux cent trente-quatre millions de catholiques écrit en ce moment au Saint-Père des quatre coins du monde de porter sa croix, de monter au calvaire ouvert devant ses pas où a monté le Christ, les apôtres et tous les saints patriarches avant lui depuis dix-neuf siècles par la force brutale, infernale, maudite, sauvage et sacrilége. Et il est déjà arrivé au sommet du calvaire, ou nous le contemplons, cloué comme son divin maître, entre deux insignes voleurs bien connus; mais au trépas de Jésus comme aujourd'hui, le calvaire est près du Thabor et le mort près de la résurrection.

La papauté plus grande dans ses malheurs mêmes, plus puissante de sa faiblesse, reste toujours assise sur le roc où l'a placée Jésus-Christ d'une manière inébranlable, d'où elle voit couler à ses pieds les torrents des âges, emportant les générations avec leurs révoltes civiles, leurs révolutions sanglantes, leurs destructions stériles et leurs persécutions toujours punies dès ce monde.

Si Dieu châtie les chrétiens, il les aime aussi. Pour éprouver son église, il semble dormir comme autrefois sur le lac de Génésareth, au bruit de la trompette révolutionnaire qui menace de renverser la barque de Pierre; mais son réveil qui ne peut tarder sera terrible : chute et triomphe, la gloire est au bout.

Que les persécuteurs de son Christ et de son vicaire en terre se tiennent bien avertis qu'ils se hâtent de jouir de leur barbare victoire; elle n'aura qu'un court espace de temps, tandis que Dieu a devant lui son éternité et l'Eglise sa durée jusqu'à la fin des siècles.

Les fidèles enfants de l'Eglise catholique

ont toujours osé dire en face de leur insolent vainqueur : Dieu nous éprouve parce qu'il nous aime, toi il te punira sans t'aimer.

Quand tout paraît désespéré, c'est alors que tout est sauvé, comme on l'a vu au commencement de ce siècle, c'est alors que Dieu se lève, prend en main sa cause et qu'il se plaît à faire éclater sa puissance dans la faiblesse même, c'est alors, comme parle Bossuet, qu'il frappe un grand coup dont les contre-coups portent si loin.

Pour le moment, Dieu a donné aux bêtes le pouvoir de faire la guerre aux saints et de les vaincre. Attendons-nous donc à une sévère leçon après laquelle le jour de Dieu se lèvera pour triompher à jamais.

CHAPITRE IV

PIE IX.

Un grand exemple est donné à tous les catholiques par notre Saint-Père régnant.

En effet, le plus faible, le plus inoffensif, le plus désarmé des souverains du monde, c'est sans contredit l'immortel Pie IX.

Dépouillé de tout ce qui constitue le royaume, captif au Vatican, d'où il ne peut sortir sans s'exposer aux outrages des libres-penseurs italiens mal contenus par les autorités, dont l'attitude équivoque est empreinte d'une malveillance prononcée. Eh bien ! le Souverain de la grande famille catholique est le seul qui fasse acte d'indépendance vis-à-vis des puissants du jour, qui proteste contre les triomphes de la force brutale, et fasse entendre sa voix en faveur du droit, de la justice et de la liberté, contre le mot barbare : *la force prime le droit.*

De sorte qu'il semble qu'en lui seul se résume l'honneur des souverains, dont les uns se font oppresseurs, et dont les autres courbent la tête sous l'oppression.

EDMOND ABOUT

TÉMOIGNAGE NON SUSPECT.

L'attitude si royale et si belle du Souverain-Pontife, enlève l'admiration des libres-penseurs eux-mêmes. Nous ne résistons pas au plaisir de citer les lignes suivantes coupées dans un grand article consacré à la question romaine. Elles sont signées Edmond About :

« Sans croire que jamais la querelle du pape et de l'empereur nous ramène au douzième siècle et fasse refleurir le moyen-âge dans le sang, il est permis au spectateur qui n'est ni piétiste, ni papiste, de philosopher sur cette grave question.

« A l'heure où nous parlons il n'y a qu'un prince en Europe qui ose tenir tête aux omnipotents de Berlin. Demain, peut-être deux, mais aujourd'hui Pie IX est seul contre le vainqueur du Danemark, de l'Autriche et de la France. Un vieillard désarmé ne craint pas de déclarer nulles et de nul effet les lois ecclésiastiques que l'on promulgue au nom du roi Guillaume ; il signe ouvertement un traité d'alliance avec les mécontents de la Prusse ; il n'a pas craint de braver M. de Bismarck en donnant le chapeau de cardinal à l'archevêque de Posen, M. Ledochowiski, détenu dans les prisons toujours hospitalières du grand chancelier.

« Le terrible homme d'Etat qui, depuis dix ou douze ans, n'a pas rencontré une difficulté sans la briser, ne sait comment fermer la bouche du Saint-Père. Si ce vieillard couronné possédait quelques provinces, on les envahirait, s'il lui restait une place forte, on la bombarderait, ou on la réduirait par la famine, s'il avait des sujets, on leur donnerait plusieurs mois « pour émigrer en masses ou devenir « allemands. »

« Mais le pape n'a plus qu'une seule âme pour vouloir, une langue pour parler, une main pour écrire. Et comme il est logé au cœur de l'Italie, cloîtré spontanément dans un presbytère inviolable qui s'appelle le Vatican, protégé par une garde de vingt-cinq millions d'hommes qui répondent de sa vie et de sa liberté à plus de cent millions de catholiques, aucun pouvoir humain ne saurait l'empêcher de dire ce qu'il croit vrai et de faire ce qu'il croit bon. »

Donc, si notre Père spirituel n'est pas arrêté par la crainte de blesser les potentats qui peuvent encore lui enlever les derniers restes de sa maison et de sa famille religieuse, comment ces familles catholiques, fortes de sa foi et de sa parole ne résisteraient-elles pas, elles aussi, aux envahissements sur le droit, la justice et la liberté qui sont la vie propre du christianisme.

Les catholiques ont donc protesté ? Oui. Pour le moment leurs protestations sont impuissantes, mais elles attestent du moins en face du monde entier, un courage et un sentiment de dignité dont on ne saurait trouver ailleurs un exemple et que la conviction de la foi seule peut inspirer. Et qui sait si ces paroles, qui semblent jetées au vent, ne seraient pas des semences qui germeront et qui porteront des fruits amers pour ceux qui les ont provoquées.

Quiconque, a dit un auteur célèbre, livrera Rome aux rêves, aux aspirations fiévreuses de l'iniquité révolutionnaire, sera un jour dévoré par la foudre, car c'est la ville du pape et du monde.

En effet, Constantin a transféré son empire sur le Bosphore pour laisser à Pierre seul la ville des Césars. Charlemagne l'a protégée de son épée, 96 et 49 l'ont maintenue, cent autres révolutions se sont brisées à ses pieds et aujourd'hui les voleurs du dix-neuvième siècle la posséderaient en paix ? Illusion ! ce n'est qu'une réunion d'écoliers jouant à la révolution et ne produisant qu'un grand bruit : après vient le silence.

Nous sommes papistes, quoi qu'il arrive, parce que nous sommes catholiques, parce qu'il ne peut y avoir de catholicité sans pape, parce qu'il ne peut avoir de pape sans indépendance, sans souveraineté, quoi qu'en disent les écrivains libres-penseurs, soit ceux qui ne mangent qu'un prêtre par jour, soit ceux qui en mangent deux.

L'inexorable fatalité, un de leurs dogmes, consiste à dire : tyranniser le juste, fatalité ; opprimer le faible, fatalité ; enchaîner la liberté, réduire le droit à l'impuissance, fatalité ; supprimer tout culte extérieur, le voleur et le volé, fatalité.

Voilà bien le délire fiévreux que les malades prennent pour de la force et qui n'est au fond que de la faiblesse.

Un autre de leurs dogmes, c'est l'émancipation politique sociale et religieuse, dont le grand obstacle est l'Église romaine. Pourquoi hésiter encore, disent-ils, à la mettre à bas? Avons-nous peur des idoles qui clignent des yeux et sucent le sang? Avons-nous encore peur de son enfer qui s'est effondré le jour où Galilée fit voler en éclats son ciel de cristal?

Mais oui, votre athéisme a peur de notre foi. Le Roi-prophète n'appelle-t-il pas votre gosier un sépulcre toujours ouvert d'où sortent des paroles de mort : *Sepulcrum patens est guttur eorum.*

Oui votre impiété est odieuse par n'importe quel côté. Elle parle de félicité, de progrès, de lumière, et c'est la nuit qu'elle fait autour d'elle. L'histoire impartiale de nos quatre dernières années ne le prouve-t-elle pas surabondamment. Votre démocratie n'est-elle pas conduite par l'ange des ténèbres, tandis que notre démocratie à nous procède de l'oraison dominicale, essence de la fraternité. Enfin, les libres-penseurs les plus blasés font aujourd'hui des civets, les uns avec des prêtres, les autres sans lièvres. Horreur ! demain tous seront dans l'attitude d'un saule-pleureur.

Cet immense complot ourdi par la libre-pensée, suivie de gens de sac et de corde n'est plus une grande comédie, c'est une misérable histoire de vols et de sacriléges.

Veut-on connaître le berceau où sont nés tous les sophistes avec leurs systèmes hétérogènes ? Ecoutez : la vérité brille à l'égal du soleil dans l'intelligence humaine ; il y prend quelque chose de son infinité ; l'âme humaine le rapetisse à sa bassesse, et voilà la raison de la multiplicité des systèmes utopistes des erreurs anciennes et modernes, quand on abandonne le foyer des vérités dogmatiques et morales et sociales de l'Eglise catholique.

Ainsi, dans nos temps tourmentés, on s'arroge le droit de chasser Dieu de l'Etat, de la loi, de l'école et des actes publics du pays.

Cela ne signifie autre chose que l'athéisme social déguisé plus ou moins pour pouvoir pénétrer dans la place qui, une fois conquise, jettera au vent son masque d'emprunt pour se montrer à un grand jour, hideux et échevelé.

Et voilà le gouffre béant où l'on pousse la société actuelle, la séparer de la vérité suprême sur laquelle Dieu et les siècles l'avaient constituée; elle en souffre aujourd'hui, et si malheureusement le divorce se consommait, elle n'y survivrait pas, elle serait ensevelie dans ce gouffre creusé de ses propres mains.

Que tout catholique français qui a à cœur le salut de ses frères emploie tous les moyens en son pouvoir pour éclairer et ramener cette société à renouveler son antique alliance avec le Christ, avec son Eglise et avec son Chef visible.

C'est ce que, pour notre compte, nous essayons de faire par cette publication.

Alors seulement ces deux noms de salut deviendront le cri de la résurrection nationale.

CHAPITRE V

LA SCIENCE

Propager le culte et le respect de la science et en général des choses de l'esprit, c'est travailler au bien de la société matérielle. Mais ce bienfait n'est pas le seul cultivé par elle, elle élève l'intelligence, elle dissipe les vains préjugés, elle refoule l'égoïsme, elle donne la raison des choses par l'analyse, elle fortifie le cœur et, à ce titre, elle est digne de nos respects.

Ainsi la science n'est pas seulement un puissant levier de civilisation de la nature, elle est aussi, pour ceux qui la cultivent avec amour et désintéressement, une source de jouissances pures et pour ceux qui la récoltent toute faite à quelque degré que ce soit un moyen de forte culture intellectuelle, morale et religieuse. Et cette culture si précieuse de l'esprit est nécessaire aujourd'hui à la vie d'un grand peuple, elle marque le niveau de la civilisation générale en même temps que la puissance des nations.

Dans ce sens, la gloire de la France est aussi bien dans le long éclat de ses armes que dans sa qualité de champion infatigable de la civilisation chrétienne et du progrès moral. La première a éprouvé parfois des revers momentanés, tandis que la seconde n'a jamais été voilée un seul jour.

LA FAUSSE SCIENCE.

Depuis quelques années, des novateurs, hardis philosophes, ont voulu détruire les véritables bases de la science, en flattant les passions de l'homme, exaltant ses prétentions, affirmant ses préjugés, lui accordant beaucoup de droits, lui imposant peu de devoirs, ne relevant que de lui-même, mais se pliant aux exigences sociales, et jetant dans son esprit le doute sur toutes les lois divines et humaines.

Ils ont aussi travaillé dans le champ de la révolution à forger des armes contre la vérité, c'est-à-dire la vraie science de tous les siècles qui les écrase. Aussi leur impuissance finit-elle toujours par la raillerie de mauvais aloi. La raillerie a toujours été l'arme de tous ceux qui n'ont pas de bonnes raisons à donner.

L'impiété ne peut gouverner longtemps sans froisser ou briser ce qu'il y a de plus honorable dans les sentiments, de plus sensé dans les aspirations, de plus élevé dans le talent et l'expérience des hommes et des choses, enfin de plus respectable dans l'indépendance d'en haut : 93, 48, 70 l'ont suffisamment prouvé.

D'ailleurs, lorsque les institutions d'une nation ne sont pas pénétrées de l'esprit religieux du décalogue, cette nation n'est plus bonne qu'à servir de pâture aux césars de ruisseaux ; elle les engendre comme le fruit engendre les vers.

Ce chapitre trace et désigne aux lecteurs le champ clos de la lutte du mal contre le bien, de l'erreur contre la vérité.

Maintenant la victoire dépend des armes bien choisies et des caractères bien trempés.

Le professeur allemand Strauss, et les trois académiciens français libres-penseurs, et leurs disciples, par leur brillante théorie creuse ou leurs romans ingénieux, ont fait passer le Christ pour un mythe et le pape pour une idole.

Ces philosophes athées et contemporains ont fait et font encore une guerre à outrance à l'Eglise, sans aucun respect pour sa robuste constitution et sa verte vieillesse.

CHAPITRE VI

LA VRAIE SCIENCE FAIT RENTRER LES TRANSFUGES
DANS LA BARQUE DE PIERRE

Mais la vraie science ramène tous les jours dans la barque du divin pilote les âmes consciencieuses, honnêtes et religieuses comme, entres autres noms contemporains, les praticiens Stotlang, Schlegel, Hüller, Hurter, philosophes illustres dans l'Europe entière, qu'une science très-approfondie a ramenés à l'unité, c'est-à-dire au tribunal unique et infaillible, le gardien vigilant de la doctrine qui fixe le doute et l'examen particulier de la raison faillible, tout en réservant ses droits et sa liberté d'action.

Les écrivains libres-penseurs, les sociétés secrètes et révolutionnaires, si redoutables aux Etats et aux consciences par l'étendue de leur ramification et leur forte discipline à soutenir une mauvaise cause, ont prouvé aux honnêtes philosophes cités plus haut, que puisqu'il pouvait exister une société universelle pour soutenir, maintenir et propager des principes impies, détestables, il devait logiquement exister aussi une société spirituelle contraire, d'une véritable autorité enseignante et gardienne de la vérité révélée, afin de mettre un frein aux erreurs de la raison individuelle, de réunir les bons, et d'empêcher que tous les hommes ne fussent livrés à tout vent de doctrine.

Ils ont trouvé que cette société existait dans l'Eglise catholique, et que c'était là la raison de la haine que tous les libres-penseurs et les impies sectaires ont contre elle et son chef suprême, tandis que toutes les âmes honnêtes, à quel parti qu'elles appartiennent, se rapprochent de cette Eglise, comme ils ont fait eux-mêmes. Ainsi la société universelle et infernale de la libre-pensée maçonnique et internationale, n'est que la caricature de l'œuvre catholique conduisant au céleste original.

Ainsi le mensonge de ces sociétés impies présuppose la vérité catholique sans laquelle elle n'aurait jamais été inventée.

Ainsi la philosophie religieuse, comme l'histoire, ralliera toujours à l'Eglise les vrais savants qui savent distinguer entre la mansuétude et la fureur, entre la vérité et le sophisme.

Nous vivons dans une des plus grandes crises du monde : un Jullien pope meurt de désespoir après la prise de Sébastopol ; des pharisiens hypocrites émancipent les noirs pour accabler les blancs catholiques réduits à la misère, et traversent les mers pour propager d'un côté la stérilité évangélique, et de l'autre pour fournir des armes à toutes les révoltes ; au Nord une perfidie diplomatique et ensuite une persécution ouverte pour écraser l'Eglise catholique ; à côté un despotisme ministériel inspiré par le rationaliste Hegel, père du socialisme; plus proche encore un ensemble monstrueux d'hommes et de choses; qui se heurtent dans la confusion pour entraver les droits de l'Eglise et ruiner l'édifice éternel de la Providence, pour faire régner une civilisation artificielle, fille du socialisme, l'idole des intérêts matériels, une philosophie dirigée contre Dieu même, une jeunesse élevée dans des principes destructifs de toute morale et de tout ordre social, et enfin, au centre de la catholicité, une Eglise qui a civilisé l'Europe, qui l'a formée, qui lui a donné sa meilleure supériorité, délaissée, persécutée, son grand pontife prisonnier dans son palais, et personne ne peut ni ne veut le secourir. Partout se fait sentir une main de fer. Tout est donc perdu pour elle? est-ce que ses ennemis vont triompher et sonner son glas de mort? elle qui, depuis dix-neuf siècles, a enterré et enterre tous les jours ceux qui ont chanté son trépas? ne chantera-t-elle plus sur leur tombe son immortel *De profundis?*

Ne le craignez pas ; elle a des promesses

divines d'immortalité. L'espérance renaît et des courants catholiques remuent la fille aînée de l'Eglise; les chemins de l'Eglise sont battus par des foules. Les mots de syllabistes et d'ultramontains qu'on jette à la tête des catholiques ne les effraient pas plus que la mauvaise foi de leurs ennemis, franchement declarée ou hypocritement déguisée.

Ces illustres convertis n'ont-ils pas tous pris pour base de leurs écrits la voix chrétienne? « Leur nombre est si considérable, disait d'Alembert, l'ami de Voltaire, au nom de tous les autres philosophes incrédules de son temps, que cette liste seule serait capable de nous ébranler et de nous convertir avant même de la lire. »

Alors Satan, par la bouche des libres-penseurs, s'est écrié : « L'Evangile de l'Eglise catholique n'est cru et pratiqué que par le peuple, les ignorants, les crédules et les simples. » Tu dis cela, père du mensonge, et tu le répètes par les cent voix de la renommée, et voilà que la folie de la croix pénètre dans l'esprit des nobles représentants de la raison, des princes de la science et des rois du génie, et ils embrassent, pratiquent et défendent sans rougir la religion catholique. Il fallait, en effet, que l'Eglise rayonnât de toutes les gloires depuis son berceau jusqu'à l'heure présente, et c'est là un fait historique irrécusable. Taisez-vous donc, libres-penseurs, radicaux, matérialistes, positivistes, vous en savez moins sur Dieu, sur l'Eglise et sur l'homme que nos petits enfants du catéchisme ; vous ne parlez que pour aveugler les faibles intelligences, et satisfaire votre orgueil, comme l'ange révolutionnaire qui combattait Dieu, et que Dieu a précipité d'une hauteur vertigineuse dans un profond étang de feu. Vous, ses imitateurs, vous pétrissez le monde avec des atomes et l'âme avec la matière. Ingrats ! vous frappez le sein qui vous a nourris, la sainte Eglise, notre mère ! Allez ! vous serez vaincus par elle, et votre péché contre le Saint-Esprit de vérité vous restera comme un poids écrasant et un remords éternel !

En 1819, dans la chaire de Notre-Dame de Paris, un orateur sacré s'écriait : « S'il faut se décider pour ou contre la religion d'après ceux qui la pratiquent ou d'après ceux qui la condamnent, je ne balance pas ; loin de moi l'incrédulité, gloire à Jésus-Christ, je suis chrétien. S'il y a parmi les incrédules quelques philosophes vraiment savants, toujours ils se sont contredits, toujours ils ont rendu, et malgré eux, hommage à la religion dans quelques endroits de leurs écrits ; conséquemment, ils n'ont jamais été de bonne foi dans leurs attaques contre l'Eglise.

Si vous le voulez, citez devant vous tous les écrivains bons ou mauvais, tous ceux qui ont fait et font encore la guerre à l'Eglise, et tous ceux qui l'ont défendue même au péril de leur vie, depuis Jésus-Christ et les apôtres jusqu'à l'heure présente, mettez dans les deux plateaux de la balance leurs livres et leur vie, voyez le poids des uns et des autres, et jugez. Puis, comptez la majorité des voix de part et d'autre, dit le savant de Maistre, voyez d'un côté les plus grands hommes, les plus grandes vertus, le plus grand nombre, et de l'autre les sophistes les plus savants, les cœurs corrompus, le plus petit nombre. Eh bien ! quand même vous ne sauriez pas un mot de la question, votre bon sens naturel vous décidera pour la bonne compagnie, et votre aversion sera pour la mauvaise.

Lecteurs bienveillants, laissez-moi vous dire que vous aurez ce bon sens naturel et des idées justes sur toutes les choses, si vous vous laissez conduire par l'esprit de vérité, et avez un peu de cette sublime folie des saints, elle ne nuira pas à votre sagesse. Vous verrez du milieu des ruines, glorieuse et purifiée par le malheur, l'Eglise catholique se relever sainte et plus majestueuse que jamais.

Cependant le monde restera partagé (car c'est la pierre de touche pour la ruine et la résurrection de plusieurs) entre l'armée des passagers de la barque de saint Pierre et les batailleurs des sectes impies de la libre-pensée ; c'est la guerre inextinguible entre la lumière et les ténèbres, entre le bien et le mal, la vie et la mort. Ces deux ligues seules se combattent, parce que seules elles sont organisées. Mais les âmes honnêtes et religieuses, si elles ne veulent pas être confondues, parmi les ennemis du Christ et s'exposer à entendre cette parole souveraine : *Nescio vos,* doivent entrer par millions dans l'arche sainte, que les passions des sectaires peuvent ébranler, jamais engloutir ; ces millions existent déjà ; d'autres les suivront. Pour l'Europe seulement :

Catholiques.	235 millions.
Non catholiques . .	105 —
Excédant.	130 —

Tous les sophismes de la libre-pensée sont épuisés, tous les systèmes religieux en dehors du catholicisme ne peuvent plus se fixer, les uns dans leur mouvement novateur, les autres dans leur examen libre et particulier. Il leur manque un point d'appui, un tribunal unique et infaillible. Il n'y a de fixe et de lumineux que dans la vérité de la foi catholique une et indivisible, et elle n'est point aveugle, comme l'ignorance l'en accuse, elle est raisonnable, comme l'enseigne saint Paul : *Rationabile obsequium fidei vestræ*. C'est une foi raisonnée, éclairée par l'étude et la science. On peut bien objecter à ceux qui la professent d'être quelquefois agités du délire révolutionnaire, mais ils se guérissent bien plus vite de cette maladie sociale que les peuples séparés du catholicisme, parce qu'ils portent en eux un principe de vie qui ne se trouve pas dans les créations humaines.

Lecteur intelligent, comprends bien que la science n'est pas la vérité, mais seulement la recherche de la vérité.

La science moderne voudrait escalader et ravir le feu du ciel, c'est-à-dire expliquer à sa façon les mystères de la Genèse et de l'Evangile. Ne voyons-nous pas, en effet, dans leurs écrits, des systèmes avilissant l'homme et dégradant son âme en lui attribuant une origine bestiale, qui a pour fin le néant. Ils ne connaissent pas les limites de la science, sa dignité, sa grandeur et, par là même, les services qu'elle est appelée à rendre à l'humanité. Voilà comment ces savants ignorants, sonores et creux, faisant la nuit au lieu du jour, égarent le pauvre peuple.

La science irréligieuse de nos jours n'est qu'une fausse science qui renouvelle toutes les erreurs païennes, schismatiques et hérétiques, et met audacieusement la main sur deux livres consacrés par l'admiration des savants et même du sceptique Voltaire et de l'hérétique Rousseau, livres qui donnent la solution révélée par Dieu même des mystères de la Genèse et de l'Evangile, et que les libres-penseurs, avec leurs vues incertaines et souvent contradictoires, prétendraient inscrire en faux contre une révélation qui, à travers des ombres inévitables, mêlées de mystères insondables, éclairent pourtant notre raison de la plus saisissante évidence. La foi ne fait que réclamer ses droits vis-à-vis de la raison, et la science, en l'accueillant et en la proclamant avec bonheur, s'agrandit et s'honore. La science, ce beau et bon fruit du génie, peut s'exercer sur les redoutables problèmes qui s'agitent dans le gouffre de la vie sociale, mais les nier pour mettre à leur place les rêves creux des systèmes désespérants, des hypothèses chimériques où l'imagination fantaisiste et la mauvaise foi ont la plus grande part, n'est-ce pas l'ignorant faisant la leçon au maître ? n'est-ce pas le pot de terre en révolte ouverte contre le pot de fer ?

CHAPITRE VII

ACCORD DE LA SCIENCE AVEC LA RELIGION

RÉVÉLÉE

> Invisibilia Dei per ea quæ facta sunt intellecta conspiciuntur.
> Dieu fait connaître à l'homme une partie de ses perfections par les différents êtres de la création.
> Saint Paul.

L'Ange de l'école, développant le docteur d'Hippone, établit la thèse que Dieu a imprimé son image dans toute créature, et cela de deux manières.

1° Par mode d'image dans la créature rationnelle pour le connaître, l'aimer et le servir lui seul, *per modum imaginis*.

2° Par mode de vestige pour que l'homme

remonte à lui par la créature inanimée et l'adore, l'aime et le serve, *per modum vestigii*.

Ne doutons pas en effet qu'il n'y ait dans chaque créature le vestige d'un seul Dieu, et par l'unité de cet être le vestige de la trinité par le nombre, le poids et la mesure, et par l'union entre ces trois créatures de ces trois choses qui se supposent mutuellement, la vérité, la beauté, le bien. Il y a une telle union entre ces trois choses que, par exemple, dans l'âme humaine, la vérité engendre un bon sentiment qui est suivi d'une bonne intention de la volonté. Supprimez la première de ces trois choses, vous détruisez l'économie des deux autres.

Preuve indirecte :

Brisez une glace, présentez ensuite votre image devant chaque morceau brisé, est-ce qu'elle ne sera pas représentée exactement autant qu'il y a de morceaux ?

Eh bien ! il en est de même pour Dieu. Les vertus, qui sont unies et si simples en lui, nous apparaissent multiples et divisées en ses créatures; et voilà le mystère de l'unité d'un Dieu-Trinité dans chacune de ses créatures.

Comment l'homme arrive-t-il à cette vérité? 1° Par la révélation émanant directement de Dieu; 2° par la science cherchant à découvrir la nature des êtres créés ainsi que les lois qui les régissent, deux cours d'eau qui sortent de la même source. Tout autre chemin que prendrait l'intelligence humaine pour arriver à la vérité des choses égarerait sa raison dans des sentiers sans issue. C'est ce qui arrive à l'ignorance incrédule, à la superbe raison libre-penseuse; la source du sommet d'une montagne sera bien plus immaculée que celle qui court à sa base. Telle est la révélation d'en haut comparée à la science d'en bas.

Et voilà comment la révélation donne à tout homme la certitude d'arriver par la science aux vérités des choses sans laquelle la société roulerait dans la barbarie.

La science fait donc connaître extérieurement une partie de la vérité incréée, avec mélange d'erreur, parce qu'elle est humaine et que la révélation est divine ; elle enseigne une seule langue donnée à l'homme, une seule race répandue sur tous les climats, et un seul culte inspiré au peuple choisi et fidèle à son testament, tandis que le positivisme abusant de son droit d'investigation s'égare dans mille superstitions, ou reste stupidement dans son matérialisme.

Toutes deux, science et révélation, sortent donc de la même source, Dieu créateur de toutes choses, Dieu révélateur à sa créature libre.

C'est dans ce sens qu'elles doivent être sœurs, amies et unies, et non se faire une guerre à outrance, guerre née du père de la révolte, Lucifer précipité par l'archange saint Michel ; car toutes deux ont le même but : perfectionner l'homme par la connaissance de la vérité, qui le mène à la pratique du bien, et par là même à la vertu, à la science, à la sainteté, et enfin à la possession de l'infinie vérité. Ainsi définie, égalité et conformité entre l'intelligence et l'objet qu'elle a ; c'est dans ce sens que l'Eglise catholique a toujours cultivé la science et propagé son culte. En effet, à tous les âges, depuis son origine, nous voyons ses docteurs, ses pères à la tête du mouvement scientifique occupé à réfuter les erreurs de toute raison individuelle écrite ou parlée qui tendrait à détruire le christianisme par la science philosophique. En livrant leurs volumineux écrits, on dirait que ces pages lumineuses ont été écrites pour réfuter les erreurs rajeunies de notre siècle ; là les libres-penseurs trouveraient non des avocats mais des juges, non leur justification mais la rectification et la condamnation logique de leur fausse science.

Rien de nouveau sous le soleil, l'erreur est aussi ancienne que le monde. La forme employée pour l'exposer et la développer a seule varié. Elles sont au fond les erreurs païennes. Dans la suite des siècles on voit une succession admirable de savants et de saints placés comme des phares élevés en lumière à la tête de chaque siècle. Après eux vient le passage des barbares, et après ce passage chaque évêché, chaque presbytère, chaque monastère devient une école où l'on enseigne l'agriculture, les arts et les sciences, et où les enfants du peuple recevaient volontairement et gratuitement l'instruction à tous les degrés. Et voilà que c'est du sein de ces écoles que sont sortis les magistrats, tous les conseillers des princes, tous les évêques, et la plupart des papes, et tous les savants de leur époque. L'Eglise catholique a fondé des athénées, des universités dans toute l'Europe, et des génies dans tous les genres en sont sortis.

L'Eglise, aujourd'hui encore, continue son œuvre de progrès scientifique qui n'est que l'accomplissement d'un devoir et l'application d'un droit imprescriptible : *ite, docete omnes gentes*. Est-ce que toutes les chaires ne retentissent pas de sa parole publique et évangélique? est-ce que toutes les imprimeries ne traduisent pas sa doctrine? tous les diocèses ne renferment-ils pas plusieurs séminaires et écoles libres, où se forment de jeunes lévites ou bien se préparent de jeunes gens à toutes les carrières sociales?

Donc l'Eglise catholique a toujours cultivé, aimé et encouragé la science, bien entendu la science humble, par respect pour les vérités fondamentales de toute société, et maintenu dans le monde la science marquée au triple sceau de Dieu créateur, de Dieu rédempteur et de Dieu sanctificateur, source de consolation, mais elle repousse de toutes ses forces la science orgueilleuse, qui veut asseoir son trône à l'égal de celui de Dieu qui a foudroyé cette science de la hauteur des cieux dans les abîmes infernaux, pour avoir seulement pensé ce que répète aujourd'hui à haute voix la libre-pensée : *non serviam;* mais elle répudie énergiquement cette science qui ravale l'homme au niveau de la brute et qui souille l'image que Dieu a déposée en lui pour qu'il l'élève jusqu'à lui son souverain bien. Ainsi, à l'exemple de l'Eglise, il ne faut pas craindre la science, mais l'aimer, et nous en servir à rejeter l'erreur de quelque part qu'elle vienne. N'est-elle pas déjà entrée dans nos foyers? ne nous enveloppe-t-elle pas de sa lumière? ne nous mène-t-elle pas aux vertus des saints, vers le Dieu de toute sainteté ? Voilà notre fin dernière. C'est pourquoi rangeons-nous sous le drapeau qui porte : religion, science, patrie. Il a déjà donné à la terre un nombre considérable de savants, et au ciel une infinité de saints.

IGNORANS IGNORABITUR.

Résumons ce chapitre. Avec les théologiens et les philosophes, je vois Dieu triple et indivisible : J'écoute, j'adore, j'aime. Je rentre en moi-même et je me dis : Je suis aussi une trinité, moi. Un prophète me l'assure : *Signasti super nos lumen vultus tui, Domine.* Dieu lui-même me confirme dans cette pensée consolante : *Filii Excelsi omnes;* et ailleurs, *Dii estis.* C'est cette science qui a fait les génies chrétiens et les saints.

Mais dans le monde savant libre-penseur,

cherche-t-on à saisir les liens mystérieux qui unissent le ciel avec la terre, Dieu avec l'homme? A-t-on la légitime curiosité de connaître les causes de la déchéance universelle qui nous a valu la sanglante réhabilitation par le Christ et toutes les bénédictions qui en découlent? Est-on empressé de savoir comment, dans quel sens, dans quelle proportion Jésus-Christ a restauré par son sang toutes les harmonies, tous les liens brisés? *Restaurare in Christo quæ in cœlis et in terra sunt.* A-t-on seulement réfléchi un instant sur les paroles du savant pharisien, devenu l'apôtre saint Paul : *Exspectatio creaturæ revelationem filiorum Dei exspectat ?* Si après les expiations de la Croix, il manque quelque chose à l'homme, c'est-à-dire l'application patiente des mérites divins? s'il manque aussi quelque chose aux créatures restaurées, et que manque-t-il donc ? la gloire et la liberté en échange de la servitude et de la corruption : *Quia et ipsa creatura liberabitur à servitute corruptionis in libertate gloriæ filiorum Dei.* A-t-on écouté les gémissements de toutes les créatures déchirées par les travaux d'un long et douloureux enfantement, jusqu'à ce qu'apparaisse le jour de leur affranchissement complet : *Omnis creatura ingemiscit et parturit usque adhuc?* En un mot a-t-on dirigé toutes ses facultés vers les inépuisables richesses de Jésus-Christ, l'alpha et l'oméga de toutes choses? S'est-on considéré comme le centre de l'univers sauvé par la croix du Rédempteur ? Éclairé par le soleil qui brille au Calvaire au sein des ténèbres du monde ancien, a-t-on étudié, étudie-t-on encore le Créateur, la création, l'homme, l'univers annobli par la Rédemption ? tout est là. Cette science ne doit-elle pas faire jaillir la reconnaissance pour Dieu, le respect pour l'homme, sans lesquels il n'est pas de foi, de religion. Donc, peut et doit exister l'accord de la science avec la religion révélée.

Voulez-vous connaître le caractère de la vraie? La piété n'est pas seulement pour les philosophes un soupir de l'âme vers Dieu, ni pour les chrétiens un souffle passager de l'Esprit-Saint. La piété est une adoration en esprit et en vérité, profonde, sans mesure de Jésus, rédempteur et législateur.

Plus on est instruit, plus la piété est ferme et pratique, plus elle soumet l'homme à Jésus-Christ, plus elle humilie la vanité orgueilleuse, plus elle triomphe des sens.

La piété est fille de l'amour. L'amour est un feu qui demande à être nourri; l'aliment de ce feu, c'est Jésus-Christ, l'Eglise, l'homme racheté. Et ne croyez pas que ce soit là de vains mots. C'est plus que la création de l'univers; c'est l'incommensurable, l'infini, l'éternelle pensée de Dieu.

L'histoire bien étudiée, bien comprise mène à Dieu et à sa religion. Chaque page révèle l'admirable justice et l'admirable miséricorde de Dieu sur les particuliers et sur les sociétés. Dans ce sens l'histoire est une source de piété sincère, sinon elle n'est qu'une pharisaïque illusion.

Les sciences naturelles peuvent servir aussi d'aliment à une solide piété, car elles ramènent naturellement au Créateur, Dieu, adorable objet de la piété. Par elles on arrive à des pensées sérieuses, à une vie occupée, à une suite dans les idées, dans le travail, à une règle de conduite chrétienne, et l'on se trouve enté sur la piété. Alors l'âme s'humilie, adore, aime et sert Dieu, sans la volonté duquel pas un cheveu ne tombe de la tête de l'homme, pas une plume n'est ravie à l'oiseau, pas un lis ne croît et n'orne nos jardins et nos autels.

Ainsi instruite et disposée, l'âme se nourrira, goûtera et redira sans lassitude la courte et substantielle oraison dominicale ; et voici comment. La paternité du Père qui est dans les cieux lui semblera plus attentive et plus féconde, son nom plus saint et plus digne de gloire, son règne plus doux, plus bienfaisant et plus désirable ; sa volonté plus auguste et plus aimable ; ses œuvres plus dignes de l'attention et de l'amour filial de l'homme, elle sollicite avec plus de confiance le pain quotidien du corps, cet hôte souffreteux et incommode ; elle demande surtout pour elle même un aliment supérieur, surnaturel, les pensées pures, les saints désirs, la victoire des sens, la fermeté, la persévérance qui fait l'homme citoyen de la terre, l'émule de l'ange citoyen du ciel. En comptant et en mesurant les innombrables soleils qu'il fait luire et le jour et la nuit sur les méchants et sur les bons, en examinant la fraîche rosée répandue sur le champ de celui qui blasphème Jéhovah, comme sur le champ de celui qui le bénit, elle dépose sa rancune et sa haine implacable, elle acquitte ses dettes envers son ennemi, et les offre au Père des miséricordes comme un contre-poids aux offenses dont chaque jour elle se rend coupable envers son Dieu, le plus dévoué, le plus tendre des bienfaiteurs. Elle le supplie de les soutenir toutes deux, la sienne et celle de son ennemi son frère, marchant également ensemble sur un sol miné par Satan, d'éloigner de leur volonté si faible la révolte et la tentation, et de les préserver du mal orgueilleux, jaloux, cupide et immonde.

Si la raison obscurcie par la chute originelle

ne s'incline pas devant les mystères répandus à profusion dans la nature, il n'y a plus accord de la science avec la piété.

Homme irrité, tu brises du pied une plante, une fleur, un insecte infiniment petit, que disons-nous, tu foules aux pieds un prodige de la toute-puissance! Le prodige, tu ne le comprends pas, il est vrai; mais est-ce une raison pour le mépriser ou t'irriter contre lui? Non, non. Crois et adore, c'est tout ton rôle après la chute; tu le comprendras plus tard après ta mission dans le monde. Cette pensée est le plus solide fondement de la vraie piété.

En effet, y a-t-il piété sans foi? Si Dieu n'est pas reconnu incompréhensible, si notre raison ne s'abaisse d'un abaissement infini devant les mystères de la nature de Dieu, de ses attributs et de leur manifestation au dehors par la création de l'univers et des cieux, et par d'autres manifestations miraculeuses, non, non : il n'est point de foi, de soumission, de simplicité d'enfant, et, par conséquent, il n'est point de piété.

L'ignorant qui méprise les mystères est logique. Le philosophe libre-penseur qui ne se comprend pas lui-même et s'indigne de ne pas comprendre les mystères que Dieu a semés dans la nature, comme il sème tous les jours le vent et la poussière, agit de parti pris. Le chrétien, au contraire, à cet aspect admire, se prosterne et adore, se fait enfant, petit, pieux, c'est conviction de sa part.

Par cette conviction, plus il approche du royaume des cieux, dont la porte et basse et étroite ; il voit Dieu qui s'est joué dans l'univers : *ludens in orbe terrarum ;* et, pour se tenir dans l'humilité qui sauve, à la vue des grandes œuvres de Dieu et des étonnantes merveilles du génie humain, et des progrès modernes dans ce qu'ils ont d'utile, de beau et d'honnête, il se rappelle les paroles du divin maître : Quiconque ne reçoit pas le royaume de Dieu, simple et candide comme un enfant, ne saurait y être admis. *Quicumque non receperit regnum Dei sicut puer non intrabit in illud.*

Les incroyants de parti pris, avec leur raison indépendante comme leur morale, s'insurgent contre cette doctrine catholique, qui a pourtant fait tous les docteurs de l'Eglise et tous les saints qui règnent dans le royaume des bienheureux. Mais la vraie science des enfants de Dieu, avec leurs preuves à la main, se séparera toujours de la fausse science des enfants du siècle, qui n'ont que des arguties à leur opposer, jusqu'au jour où Dieu, battant son blé dans son aire, séparera le grain fécond de la paille stérile.

CHAPITRE VIII

THÉOLOGIE, FONDEMENT DES PRINCIPES SOCIAUX.

La théologie, qu'est-ce? C'est une science positive qui démontre par des principes certains tirés de la révélation et du raisonnement humain les rapports du Créateur avec ses créatures entre elles. Cette science a commencé avec l'homme, dont Dieu fut le premier maître.

Il suit de là qu'elle a pour base l'autorité divine de la vérité infinie, et pour appui le raisonnement de l'intelligence humaine, et cela pour la vérité.

Quelle est son importance? C'est de toutes les sciences la plus importante et la plus nécessaire, parce qu'elle apprend à l'homme d'où il vient, ce qu'il est et où il va, en lui montrant la vérité, la vie et la voie de son bonheur souverain. Elle lui montre aussi les moyens de l'atteindre en s'élevant à la sainteté commandée par le Christ : *Sancti estote, sicut et ego sanctus sum.*

Elle est aussi la plus digne de toutes les sciences parce qu'elle fournit à toutes les grands principes qui doivent leur servir de base. Ainsi, elle les domine et les enchaîne dans l'unité. Et, si elles peuvent, en dehors d'elle, faire des progrès dans la marche, dans l'observation et l'analogie des faits, elles ont besoin d'elle pour se constituer science. Dès ce moment sont posés les grands principes de la science : Dieu créateur et conservateur. L'homme roi et pontife de la nature est soumis aux lois providentielles, avec le principe de la propagation d'où découle celui de la famille, et, par suite, de la société entière.

Le créateur a élevé l'homme encore plus haut en lui apprenant que sa fin ne se bornerait pas ici-bas, mais qu'elle atteindrait la hauteur des cieux, la terre des vivants, la véritable patrie des princes, fils de l'Eternel, après leur chute et leur rédemption par le Christ, fils de Dieu et fils de l'homme.

Alors furent posés tous les grands principes de la science théologique, conservés par la tradition orale jusqu'à Moïse, qui les écrivit et les transmit aux écrivains sacrés qui les développèrent divinement inspirés et arrivèrent ainsi jusqu'au Christ qui les perfectionne, les accomplit et les termine.

Dieu, principe de toute lumière, en a posé la synthèse en lui-même, et charge l'Eglise, son épouse chérie, née dans son sang au Golgotha, d'en faire la démonstration dûment devant la science profane et l'application à la perfection de l'humanité pour arriver à la sainteté et à la pureté d'un soleil sans tache.

Et voilà comme le christianisme, aujourd'hui payé d'ingratitude par la génération libre-penseuse, qui n'a à la bouche que la négation, parce que la sainteté de l'Eglise catholique la condamne, a apporté à la terre les vrais principes du monde physique, du monde intellectuel et du monde social. Tout se tient et s'enchaîne dans ce monde ; les phénomènes même intellectuels n'y sont pas plus résolus que les phénomènes physiques, comme les infiniment petits et les infiniment grands. Ce qui trompe, c'est que les faits partiels ont leurs causes dans les lois plus générales et ces lois sont des principes immuables. Les principes dominent le monde, le monde social surtout. Voilà pourquoi les peuples se battent pour un principe : religion, patrie, dynastie, principes sur lesquels est enracinée leur vie. Aussi les faits quelque accablants, quelque outrageants qu'ils soient les trouvent impassibles. Mais la violation des principes entraîne toujours après elle des révolutions morales ou sociales. L'esprit catholique libéral lui-même peut conduire à ce danger ; car un mauvais principe a des conséquences fatalement mauvaises.

Un principe vicieux dans le corps social, c'est le germe d'une maladie mortelle. Si ce germe dans le corps humain, n'est pas tué dans sa source, il envahira toute l'économie, et il ne sera plus temps d'appeler le médecin, puisqu'il est plus facile de prévenir le mal que de le guérir.

Or, l'esprit du libéralisme catholique est-il un de ces principes mauvais qui peuvent tuer la société? Oui, nous en avons une preuve irréfragable dans les paroles maintes fois répétées de celui qui est ici-bas le dépositaire de l'autorité divine qui l'a affirmé positivement et avec force dans le but évident d'être entendu de la catholicité tout entière.

S'il y a degrés dans le bien, il y a aussi des degrés dans le mal. Eh bien ! dans quelle nature le libéralisme catholique est-il dangereux ? Le Pape nous l'a encore dit dans sa réponse à l'adresse du comité catholique qui a tenu sa séance générale annuelle à Orléans en avril 1874 : « Le libéralisme catholique est le pire des fléaux ».

Voilà pour nous la vérité et c'est appuyé sur ce principe que nous disons :

La société est travaillée d'une maladie qui ne pardonne pas et qu'il faut combattre coûte que coûte ; l'opération peut-être douloureuse, mais en présence de la mort, il n'y a pas à tergiverser ; il faut appeler le médecin, c'est-à-dire revenir aux principes.

Garder là-dessus un silence absolu, ne serait-ce pas se faire le complice des fauteurs du mal ?

Le Saint-Père, dans son dernier bref d'avril dernier à l'assemblée générale du comité catholique du Loiret, confirme positivement notre thèse :

« Cher fils,

« Quoique nous voyions avec joie que votre
« ligne de conduite soit de combattre la grosse
« impiété, néanmoins vous en avez moins à re-
« douter pour vous mêmes que d'une alliance
« avec les hommes imbus de cette doctrine dou-
« teuse, laquelle tout en repoussant les consé-
« quences extrêmes des erreurs, en conserve et
« en nourrit obstinément le premier germe et
« qui ne veulent pas embrasser la vérité tout

« entière, et, n'osant cependant la rejeter,
« cherchent par des interprétations à faire con-
« corder à peu près la doctrine de l'Eglise
« avec ses propres sentiments.

« Il en est en effet, de nos jours, qui adhèrent
« par un pur effort de volonté aux vérités
« récemment définies dans le Syllabus et le
« Concile du Vatican, mais seulement pour
« éviter l'accusation de schisme et abusent
« ainsi leur propre conscience, n'ayant nulle-
« ment déposé cette hauteur qui s'élève contre
« la science de Dieu, qui réduit leurs intelli-
« gences en captivité sous l'obéissance à Jésus-
« Christ qui a dit : Quiconque obéit à mon
« Eglise m'obéit et arrive ainsi à faire ma
« volonté toute sainte qui le sanctifiera.

« Si cet esprit semi-chrétien s'était glissé
« secrètement parmi vous, vous ne pourriez
« lutter avec avantage contre les erreurs mo-
« dernes et feriez grand tort à votre noble
« cause, parce que vous n'auriez pas la force
« et la vertu qu'on ne trouve que dans un par-
« fait attachement à l'esprit et aux doctrines de
« la chaire de Pierre. »

En présence d'un pareil langage, qui ne reconnait les libéraux catholiques? Et quel est le catholique qui ne s'inclinerait pas dans la crainte surtout d'être de ces hommes tièdes que Dieu vomira de sa bouche.

Après la famille instituée de Dieu qui s'est multipliée au point de devenir une société répandue sous tous les climats et occupant toutes les zones, qui est devenue un peuple nombreux dont chaque branche s'est proclamée souveraine, indépendante et libre, avec des mœurs et des usages qui sont devenues des lois constitutives propres au génie de chacune d'elles, il ne dépend plus après des siècles écoulés d'un plébiscite ou du vote d'une majorité de changer les conditions de l'existence propre de cette nation. Qu'est-ce, en effet, qu'une constitution? Une constitution, dans le sens rigoureux du mot, résulte de la nature des choses, car il ne dépend pas du caprice des hommes de la modifier à leur gré sans provoquer des perturbations et compromettre l'avenir de cette nation. L'histoire de vos quatre-vingts ans de révolution est là pour le prouver et cela résulte d'une nécessité morale.

Donc il n'est pas loisible ou indifférent à une nation de choisir telle ou telle forme de gouvernement dans un moment donné sans courir les risques les plus terribles. La forme monarchique n'est-elle pas une présidence héréditaire comme la forme républicaine une présidence à vie, issue d'une délégation ou mandat d'un peuple, que dans sa souveraineté imprescriptible et inaliénable il confère, suspend ou reprend à volonté.

La monarchie existe chez un peuple, parce qu'il est impossible à ce peuple de vivre et de prospérer sous tout autre régime, parce que ses mœurs, son caractère, son histoire, ses habitudes intimes, ses traditions en ont fait un peuple monarchique et qu'en dehors de la monarchie il se trouve livré à toutes les aventures révolutionnaires et tombe fatalement dans la décadence.

Les droits monarchiques, les prérogatives de la couronne, ne sont pas autre chose que l'expression même de cette nécessité nationale. Il en est de même pour les droits de la nation ; personne n'a pu les inventer, personne ne peut les détruire. Leur fondement est dans la nature humaine comme dans les principes de la morale éternelle et du christianisme ; leur garantie est dans le développement historique de ce peuple et dans son caractère national, propre à chaque peuple.

C'est se tromper que de chercher dans des systèmes d'école la sanction des droits que toute société chrétienne peut revendiquer légitimement, puisque les constitutions ne dépendent pas de la volonté nationale. Il est sans exemple qu'elles soient sorties de l'examen d'un contrat dont toutes les parties ont été examinées, discutées et adoptées. Dans tous les cas, si cela avait eu lieu, on se serait borné à constater la tradition et à la consacrer par une loi.

Les droits fondamentaux de la nation sont proclamés à la fois par la couronne et le peuple. On les retrouve dans les archives des états-généraux, dans la déclaration du 23 juin 1789, dans celle de Saint-Ouen, dans la charte de 1814, dans les lettres et manifestes du comte de Chambord, dont le droit royal et le droit national se complètent l'un par l'autre, loin de se détruire.

Les principes dominent toujours les sciences et les complètent. Toute science sans principes certains n'est qu'un amas de fait sans fécondité, comme sans résultats, comme sans progrès pratiques, bâtie sur le néant par une philosophie impie ou pure rationaliste, car c'est dans la démonstration des principes que gît tout progrès des sciences.

Le mal n'existe qu'à cause de la chute. Mais la religion divine du Christ nous apprend que la sagesse divine a toujours placé le remède à côté du mal. Le monde, l'homme, le mal, la mort, Dieu, l'éternelle vie, tout est dans la Bible et l'Evangile, premier livre du monde, premier code des peuples. Toutes les lois justes des empires, tous les principes des sociétés humaines, toute la fleur des sciences sont renfermées en germe dans ces deux livres divins, bases des religions juive et chrétienne. Ils ont su expliquer hautement ce qu'est l'homme, le monde et Dieu, en d'autres termes ce que c'est que la raison de Dieu, la raison de l'homme et c'est ce qu'on appelle la théologie, qu'on peut résumer en deux mots : La foi et la loi.

CHAPITRE IX

PRINCIPES THÉOLOGIQUES CONSTITUTIFS DE LA SAINTETÉ.

Ce n'est pas aux efforts de l'homme mais à Dieu qu'il faut faire remonter la gloire et tout l'hommage des plus grandes choses, qui enfante les merveilles, qui inspire les génies, qui commence, finit et couronne la sainteté et dont la puissance, la sagesse éclatent radieuses, avec la rapidité de l'éclair d'un bout du monde à l'autre. Il se sert ordinairement des plus petites choses pour opérer des prodiges et étonner la science humaine. Dans l'ordre de la sainteté, il suscite fréquemment des âmes humbles et simples en apparence ; il les élève au-dessus d'elles-mêmes ; il s'en sert pour affirmer les forts et attirer à lui les faibles ; il les établit dans sa grâce et elles font la joie du ciel et l'édification de la terre.

Oui, c'est dans le sein de Dieu, principe et consommateur de la sainteté, que se forment les élus. Les grâces fortes, les dons sublimes, les actions héroïques, tels sont les trésors dont il gratifie les âmes qui le reçoivent dans l'humilité de leur néant et qui les relèvent ensuite au monde par de nobles actions et de grandes œuvres de charité, d'éminents services rendus ou des travaux utiles à l'humanité, à la science, à la civilisation.

A QUOI SERT LA SAINTETÉ ? — SES BIENFAITS SUR LES PEUPLES.

On demandera peut-être : qu'est-ce qu'un saint en lui-même ? C'est un homme comme vous et moi, né sous tous les climats, de tout âge, de tout sexe, de toute condition.

Qu'est-il par rapport à Dieu ? un homme fidèle observateur de la loi naturelle vis-à-vis de Dieu et de ses semblables.

Qu'est-il par rapport à Jésus-Christ ? un homme qui au milieu de sa famille chérie et de son travail quotidien a cru de toute la conviction de son âme et de tout l'amour de son cœur en Jésus crucifié, fils de Dieu et fils de l'homme, qui a embrassé son évangile et son symbole par sa régénération baptismale, qui a pratiqué toute sa loi, réprimé ses passions mauvaises, mortifié ses sens en perpétuelle révolte, soumis sa raison faillible, enfin qui a été responsable pour lui et solidaire pour l'humanité, et qui a prouvé par ses constantes vertus et par ses prodiges, soit de son vivant, soit après sa mort, la divinité de Jésus-Christ et la vérité de sa religion.

Qu'est-il dans l'Eglise de Dieu ? Il y est honoré, vénéré, invoqué comme un puissant ministre à la cour du roi des rois, investi de toute sa confiance et proposé comme modèle à l'imitation de tous les enfants de Dieu et de l'Eglise.

Enfin, qu'est-ce qu'un saint par rapport à la société ? C'est un bienfaiteur dont le pouvoir et la bonté se révèlent souvent sensiblement dans les incessants besoins et les grandes misères de la pauvre humanité, soit spirituelles, soit temporelles. Dans le premier cas, voyez plutôt l'histoire des grâces obtenues par leurs vertus. Dans le second cas, lisez les saints de la Bible, vénérés comme des hommes inspirés par l'esprit de toute lumière et de toute vérité, et regardés comme prophètes du Dieu vivant auprès de son peuple.

Les saints de l'Evangile ont prêché de parole et d'action Jésus crucifié volontairement, sa croix, son symbole, sa règle des mœurs accessible à tous, et prouvé la vérité de Jésus-Christ par leur vie sublime de vertus, d'austérités, de bonnes œuvres, d'actes de bienfaisance envers les affligés et les indigents, et quelques-uns même par le martyre.

Les saints aux temps barbares de notre histoire ont bâti des monastères, défriché les terres, semé le blé, planté la vigne, réuni les paysans, formé les villages, élevé des chapelles et tracé ainsi d'avance les paroisses et les communes.

Aux temps féodaux, ils ont tonné contre les désordres des châteaux, prêché les libertés publiques et individuelles des enfants de Dieu, affranchi leurs serfs, conservé l'écriture, l'histoire, les sciences, les arts, la poésie, la sculpture, la statuaire, la peinture, l'architecture, formé des confréries ambulantes d'ingénieurs, de maçons, de charpentiers, d'artistes et d'ouvriers en tous genres, avec six blancs, un petit pain, une quarte de vin, par journée de douze heures parcourant l'Europe et bâtissant ces élégants châteaux, ces fameuses basiliques, cathédrales et oratoires que nous admirons encore comme les chefs-d'œuvre de l'art chrétien.

Enfin avec la population qu'ils attirent autour de leur demeure solitaire, ils faisaient pratiquer et pratiquaient eux-mêmes la culture des champs que les princes leur abandonnaient, et à mesure qu'augmentait la population et que progressait la civilisation chrétienne, ils hâtaient l'affranchissement du peuple.

Voilà le rôle des saints dans le monde qu'ils ont gagné à Jésus-Christ, et dont les libres-penseurs de nos jours veulent nous détacher pour nous faire reculer à la barbarie ou nous pousser dans la honte, la boue et le sang ! Voilà d'où est venu dans les codes européens l'infusion des lois *civiles*.

CHAPITRE X.

LE CULTE DES SAINTS EST LÉGITIME ET NON UNE IDOLATRIE.

La Bible étant comme l'image fidèle de Dieu, l'Evangile comme le portrait fidèle du Verbe de Dieu et tous deux comme le miroir, le souffle inspirateur de l'Esprit-Saint, eh bien ! l'hérésie protestante née d'hier, enfantée par les passions humaines et diaboliques, a, par une insolence sacrilége, soufileté, foulé aux pieds cette image du Dieu vivant, en mutilant les livres saints, en les livrant au libre examen particulier, en faisant violence à certains textes, en retranchant la moitié d'autres textes, pour trouver quelque ombre de difficulté dans l'autre moitié, et dont voici ceux qui regardent le culte et l'invocation des saints.

1° Contre Jésus-Christ : *Première épitre à Timothée*, ch. IV, v. 5. — *Saint Luc*, ch. II, v. 14.

2° Contre la Sainte Vierge : *Saint Luc*, ch. XI, v. 5.

3° Contre le culte et l'image des saints : *Deutéronome*, ch. VIII, v. 3. — *Exode*, ch. XLI, v. 7. — *Psaume* 52, v. 7.

4° Contre l'invocation des saints : *Premier épitre à Timothée*, ch. II, v. 3.

L'Eglise catholique la met en défi de trouver un seul texte entier des deux testaments pour justifier sa doctrine fataliste.

Aussi, un de ses docteurs a-t-il reproché dans un de ses discours que leurs fondateurs, allemands, suisses, genevois n'ont jamais été saints ni fait de miracles, défaut radical de leur réforme ; qu'on ne leur doit ni culte, ni invocation, ni fête, comme celle qu'on a célébrée le 27 mai 1864. Erasme, ce railleur si mordant, ne reprochait-il pas à ses contemporains qu'ils n'avaient pas, eux tous, seulement redressé un cheval boiteux.

Mais voyons les affirmations de l'Eglise catholique.

Le saint Concile de Trente, dit le docteur Baquerest a déclaré, dans sa vingt-cinquième session, que l'on ne croit pas dans l'Eglise catholique, qu'il y ait divinité ou quelque vertu dans des images, reliques ou statues de Jésus-Christ et des saints pour qu'il faille les honorer, les invoquer. Il ne laisse pas d'être vrai, selon les Pères et les Conciles, que Dieu, de tout temps, s'est servi et se sert encore souvent des saints corps pour opérer des miracles. Les témoignages en sont nombreux, afin d'autoriser par là le culte réligieux qui leur est dû, et par respect aux personnes saintes qu'elles représentent.

Saint Grégoire le Grand et beaucoup d'autres Pères attestent plusieurs prodiges authentiques.

Le septième Concile général contre les Iconoclastes (briseurs d'images) rapporte aussi d'incontestables prodiges opérés en faveur de ce culte.

Il faut même avouer qu'il n'est pas de ville, de province, de royaume catholique qui n'en puisse produire un grand nombre, et de très-nouveaux attestés par la science et approuvés par l'Eglise.

Aussi est-ce à la volonté libérale de Dieu, que nous renvoyons ces libéralités, dit saint Bernard.

CHAPITRE XI.

MIRACLES DES SAINTS.

Le miracle est une chose extraordinaire, au-dessus de la raison, mais non contre elle ; car le surnaturel ne détruit pas le naturel ; c'est une surprise que Dieu nous ménage dans le ciel.

Le miracle est un problème insoluble que la médecine, toute science positive qu'elle est, n'a pu, depuis que le monde existe, parvenir à résoudre. Les docteurs disent : Tout être organisé obéit à des lois réputées immuables, présidant à sa naissance, à son développement et à sa mort. Quelle est la puissance lumineuse ou occulte qui pourrait l'affranchir de ses lois ? Le miracle. Il bouleverserait le monde, donc le miracle est impossible, autrement Dieu se contredirait, ou plutôt se détruirait lui-même, autre impossibilité.

Aux docteurs, aux philosophes, aux génies de toute sorte à répondre. Vous vous adressez mal, docteurs, votre appel ne sera entendu ni d'eux, ni de l'ignorance désintéressée ; il n'y a que le catholicisme qui ait l'autorité de la science divine qui puisse y répondre et résoudre ce grand problème.

En effet, si les mathématiques sont la science exacte de l'esprit humain, la théologie révélée est la science exacte de l'esprit de Dieu, à qui rien ne résiste, rien n'est impossible. Or, si la première est la seule voie la plus sûre pour démontrer les vérités mathématiques, la seconde, à fortiori, est la meilleure manière de démontrer à la raison la vérité des miracles. Si la supercherie peut faire croire aux miracles, il n'appartient qu'à la science théologique révélée d'affirmer les miracles de Jésus-Christ, des apôtres et des saints, par des règles démonstratives de véritables miracles, des faux. Un miracle est un effet extérieur extraordinaire produit contre les lois de la nature. Un miracle peut être produit par Dieu seul immédiatement, ou par les intelligences créées, bonnes ou mauvaises; c'est l'opinion de saint Thomas et de l'anglais Clarke. C'est aussi celle de Benoît IX qui dit : D'après ce que nous venons de dire il semble que les faits insolites et surprenants qui dépassent les forces connues de la nature créée, visible et corporelle, sont des miracles, mais moindres que ceux qui dépassent les forces et les moyens de toute créature. Mais il faut remarquer que la puissance naturelle des mauvais esprits est tellement soumise au pouvoir suprême de Dieu, qu'elle ne peut s'exercer que quand il le permet par un juste jugement, autrement ils pourraient tout bouleverser en ce monde.

M. Sercès, dans son *Traité sur les Miracles*, réserve à Dieu seul les miracles proprements dits, et attribue aux fraudes et artifices d'imposteurs tous les miracles improprement dits que l'on rejette sur les mauvais esprits.

Ne dites pas que ces esprits agissent par leur propre volonté, ou que l'âme agit de plusieurs manières sur le corps ; car : 1° il n'est pas décidé si l'âme est la cause efficiente ou seulement occasionnelle de ces mouvements ; 2° tout ce que l'âme fait, elle le fait par une loi constante et uniforme de la nature. Or supposez que l'âme humaine veuille exercer son pouvoir hors de cet ordre, ne sentira-t-elle pas aussitôt son impuissance ? Trouvera-t-elle un seul atome qui obéisse à ses ordres ? Donc leur puissance est limitée par la puissance éternelle.

Tout prouve notre ignorance, soit sur la nature corporelle, soit sur la nature des esprits, et cette ignorance ne nuit en rien à notre thèse. Ce n'est pas à nous d'examiner avec curiosité jusqu'où peut s'étendre la puissance des esprits bons et mauvais ; s'ils peuvent ou non produire des effets insolites par une vertu qui leur soit naturelle ou par l'application seulement des causes naturelles. Ainsi, dans ces opérations, ils sont les causes efficientes ou seulement occasionnelles. Dans tous les cas, ce qu'il nous importe de savoir, c'est que sans intervention directe de Dieu qui agit ou qui fait agir, rien ne peut, en ce monde, arriver contre l'ordre de la nature.

La nature du miracle varie : 1° quant à la substance, comme la résurrection d'un mort ; 2° quant à la manière comme la guérison des malades par un seul acte de volonté et par un commandement.

Ces deux miracles sont-ils possibles? Oui. Preuve : il ne répugne ni de la part du sujet, la créature, ni de la part de la cause efficiente, Dieu. En effet, toute créature est indifférente quant au mode de son existence et reste soumise à Dieu, comme la glaise au potier ; donc elle peut être disposée d'une manière autre que celle que demandent les lois générales de la nature. Et il ne répugne point à Dieu, tout-puissant, auteur des lois librement établies et qui en dispose à son gré et sans déranger leur nature et leur mouvement. D'ailleurs, la persuasion de tous les peuples, pour donner de la croyance et de l'autorité à leur religion, a été qu'elle était fondée sur des miracles vrais ou faux. Il est vrai que les lois naturelles sont des décrets éternels et immuables, mais y déroger n'accuse ni ignorance ni inconstance; car le Créateur a pu excepter de ses lois, qui régissent le monde de toute éternité, certains cas où il s'est réservé d'agir lui-même immédiatement sur sa créature et cela a été aussi décrété de toute éternité. Le déluge est là pour prouver qu'il n'avait pas changé ses décisions, lui qui avait dit au genre humain : Croissez et multipliez. Donc le miracle est possible, non-seulement possible, mais encore admissible. A ces preuves mathémathiques et théologiques, que répondez-vous, monsieur Renan, homme de valeur, académicien et matérialiste, qui n'êtes aux yeux de l'auteur *Fleurs de Mai*, M. Bondelaire, qu'un rat d'église qui vient manger le pain bénit dans les tabernacles ?

Dans nos temps incrédules, abrutis par les arguties d'une philosophie absolument vide, ils n'ont plus la force de suivre les principes jusqu'à leurs conséquences. Alors Dieu envoie des faits matériels portant avec eux, à toutes les âmes, à tous les cœurs, à tous les esprits leur enseignement et leur conclusion : le surnaturel divin. Aussi au milieu de nos temps troublés, la science, avec ses progrès factices, s'est-elle insurgée contre les miracles en général et en particulier contre ceux opérés, en 1871, 1872, 1873, à Notre-Dame de Lourdes, relatés dans les livres de M. Lasserre, arrivés à leur 52e édition. Sur ces miracles, les médecins raisonnent sans compter la faillibilité humaine, invoquant les progrès de la science et les forces vives de la nature. Ils citent à l'appui de cette thèse de rares exemples de guérisons produites par la réaction morale de sujets atteints d'infirmités diverses, que personne ne nie, comme si le naturel et le surnaturel pouvaient s'exclure l'un l'autre ; c'est donc une erreur grossière de leur part, comme il a été prouvé par la thèse ci-dessus. La leur, sans fondement solide, n'a pu soutenir l'examen, ni inscrire en faux les faits miraculeux, ni par suite gagner le pari de dix mille francs et cinq mille francs pour les frais d'enquête déposés par M. Arthus, de Paris, chez M. Turquet, notaire à Paris, en 1872, malgré la notoriété européenne donnée à ce défi à la science, et malgré la discussion écrite, assez longue et assez sérieuse, soutenue par plusieurs illustrations médicales de Paris et de Lyon. Personne d'entre eux n'a osé mettre en jeu ces dix mille francs durant une année entière ; tous ont reculé devant cette mise en demeure. C'est la preuve de la mesure de leur confiance en leur thèse et de leur bonne foi.

D'où il résulte que les nombreux faits miraculeux sont absolument vrais et qu'on n'y trouverait pas deux erreurs. En vain ils ont fait un pas en avant en posant leurs objections ; tous se sont retirés de la lutte sous différents prétextes ; il n'y en a qu'un : c'est que MM. Lasserre, Arthus et de Ségur sont dans la vérité, et qu'ils le comprennent.

A bouts d'arguments paradoxaux, ils finissent par dire, dans leur défaite : On ne discute pas avec les miracles, puis vous tournent le dos, en haussant les épaules et en riant, et tout est dit.

Mais, en fin de compte, quelles sont leurs plus grandes objections ? De deux sortes :

La première : Dieu ne peut pas suspendre les lois naturelles sans briser la machine terrestre. Un miracle y dérogerait, et le monde serait bouleversé de fond en comble, donc..... Cet argument n'est que captieux. En effet, pourquoi ce malade atteint d'une infirmité reconnue incurable par la science, arrivé au terme de la vie, agonisant, la mort sur les lèvres et abandonné, revient-il subitement et sans transition, sans crise à la vie et à la santé après s'être recommandé et fait recommander à Dieu, à tel saint ou sainte ?

Pourquoi cet ouvrier qui ne pouvait marcher qu'à l'aide de deux béquilles, les emporte-t-il maintenant sur ses épaules ? Pourquoi cet aveugle voit-il aujourd'hui et se réjouit-il avec la foule qui l'en félicite ? Pourquoi cette sourde-muette entend-elle tous ceux qui la complimentent? Pourquoi cet enfant presque mort, rendu bien portant à sa mère éplorée qui a tant prié pour lui la bonne Vierge, et qui aujourd'hui, à l'âge de 87 ans, jouit encore d'une santé florissante?

Est-ce que les lois naturelles du monde physique ou moral ont été bouleversées par ces faits miraculeux, prouvés par des témoignages irrécusables de médecins capables et reconnus tels, par la notoriété de parents consciencieux et de voisins loyaux, qui les ont vus avant et après leur guérison, et en les attribuant non au hasard, non aux forces vives de la nature, mais à une vertu surnaturelle, c'est-à-dire à une intervention divine?

Ne sont-ce pas là des faits simples d'une constatation facile, et que chacun peut vérifier sans pour cela être pourvu d'un diplôme de docteur? Est-ce que le monde n'a pas marché depuis et progressé dans la science sceptique?

Ainsi la libre-pensée philosophique n'est plus en présence de paysans, de femmes et d'enfants, mais de la science invoquée, qui se reconnaît impuissante à expliquer ces merveilles. La récusera-t-elle? C'est possible, car rien ne répugne au parti pris et à la mauvaise foi. Donc, savantissimes, votre première objection porte à faux. (E. Arthus, H. Lasserre, de Ségur.)

Voyons la seconde si elle est **mieux fondée** :

2° Les prétendues guérisons surnaturelles proviennent de la réaction normale, et de forces vives de la nature.

Mais après une guérison subite extraordinaire, qui porte avec elle tous les caractères d'authenticité, tout le monde y voit un miracle. Comment nos libres-penseurs l'expliquent-ils?

Rien de plus simple pour eux, par la plus large interprétation des lois qui régissent la nature animée, dont la puissance est insondable.

Voilà un enfant malade, qui ne boit que de l'eau depuis deux ans et dix-sept jours, qu'un éminent docteur de Bordeaux condamne à mort, et qui guérit radicalement après telle invocacation ou procédé religieux.

Comment expliquer un fait si inouï ? Rien de plus simple, répond la science. Il faut recourir à la plus large interprétation des lois naturelles qui régissent la matière animée ; qui jamais a sondé sa puissance ?

Et cet autre moribond que sa mère, dans un élan de foi, plongea pendant un quart d'heure, en février, dans l'eau glacée de Lourdes, et qui recouvre peu à peu la vie et la santé, comment l'expliquent-ils ?

C'est par l'imagination de la mère ? Non. Par le hasard ? Non. Par la réaction normale ? Non ; mais par les forces de la nature, par la plus large interprétation des lois qui régissent la matière animée, dont on ne connaît pas la puissance.

Et cette paralytique depuis vingt-quatre ans, alitée depuis douze ans, à proximité de la porte d'un docteur incrédule, que l'on frictionne depuis huit jours avec une eau mystérieuse, et qui tout à coup se lève, se dresse et marche pour jamais avec agilité ? Qu'en disent-ils ? Ils font encore et toujours un appel à la plus large interprétation des lois qui régissent la matière animée, dont on ne peut connaître la puissance.

Et puis encore les humeurs froides de ce monsieur, et la perte de la vue de cette dame, maladies reconnues incurables par leurs médecins, pourtant guéris tous les deux en une nuit, après avoir prié Dieu, tel saint ou telle sainte ? Faits hors ligne, disent les procès-verbaux, et qui sortent tout à fait des procédés qui sont au pouvoir de la science médicale.

Réponse invariable des libres-penseurs, qui en appellent toujours à la plus large interprétation des lois qui régissent la matière animée, dont on ne peut sonder la puissance, c'est-à-dire d'une hypothèse.

Voilà toute leur explication, qui n'explique rien. Avouez-le, lecteurs, n'est-ce pas se jouer du bon sens et de l'évidence ? n'est-ce pas raisonner à la façon des médecins de la comédie de Molière, qui donnent des mots en place des choses, un bruit en place d'idées et des raisonnements qui sont contraires à la raison ? Ils vont plus loin : ils disent pour retarder leur défaite : Tout homme qui sert de certificat médical d'honorabilité conclut au miracle et fait un pas hors du rationalisme. Eh bien ! n'est-ce pas condamner la médecine au-dessous de la science et en proclamer l'exclusion, pour conclure de là que tout est hypothèse chez ces savants libres-penseurs. C'est en riant qu'ils partent en guerre pour combattre le surnaturel par les armes de la science ; ce ne sont que les armes du rationalisme, c'est-à-dire qu'il y a en eux deux hommes, et le médecin d'une valeur scientifique, et le philosophe matérialiste, imposant comme un dogme leurs idées sur le système du monde, les lois de la vie, et l'être incommensurable qui a jeté la voûte du ciel parsemée de milliards de soleils, distribué les intelligences et insufflé la vie à tout ce qui respire ici-bas.

Autant nous devons les estimer d'un côté, autant nous devons les renier et les rejeter de l'autre. Le défi porté par la science au surnaturel n'est donc qu'un coup d'épée dans l'eau, et la libre philosophie n'a pu gagner le prix du triomphe. C'est ainsi que parfois le sens savant sort du sens commun.

Donc les miracles obtenus par les saints amis de Dieu, et reconnus authentiques, sont pleinement certains, même aux yeux de nos adversaires, qui se refusent à les attaquer jusqu'au bout par le raisonnement et jusqu'à la bourse par l'enjeu.

Donc les miracles continuent d'attester à quiconque veut voir la surhumaine vérité du christianisme et le pouvoir des saints, l'éternelle centrale puissance du Dieu fait homme adoré sur nos autels.

CONCLUSION

> Les philosophes ont toujours eu la manie de nier ce qui est et d'expliquer ce qui n'est pas.
>
> Jean-Jacques Rousseau.

Ainsi la philosophie religieuse, opposée aux théories extra-médicales, nous paraît résolue pour les lecteurs fatigués par les négations audacieuses et systématiques de la libre-pensée en face du miracle. Ils sont sceptiques contre l'évidence même, dès qu'il faudrait conclure à une intervention divine, en même temps que crédules à outrance à l'endroit des forces vives et inconnues de la nature animale, à l'aide desquelles ils s'opiniâtrent à expliquer ce qui ne peut pas s'expliquer naturellement sans aller jusqu'à nier Dieu et sa providence. La peine inimaginable qu'ils se donnent pour contester ainsi ses manifestations trop éclatantes dans les affaires de ce monde est une peine en pure perte de temps. Cette incurabilité philosophique, stigmatisée par le philosophe de Genève, a son principe dans l'orgueil de l'esprit révolté contre le Tout-Puissant.

Pour la guérir, elle demanderait le miracle de Saul terrassé sur le chemin de Damas ; mais Dieu le refuse à l'orgueilleuse raison.

Il paraîtrait donc inutile d'écrire des livres pour les radicaux libres-penseurs, dont chaque objection de quelque valeur recevrait une réponse précise, nette et péremptoire, et si on les écrit, c'est pour les âmes droites qui cherchent sincèrement la vérité pour elles, la logique et le bon sens suffisent. Quand ces deux armes sont bien trempées, elles triomphent toujours du scepticisme.

C'est ainsi que le défenseur des saines doctrines doit chercher moins à vaincre qu'à convaincre les âmes placées dans un milieu plus ou moins réfractaire à la lumière de la foi chrétienne.

CHAPITRE XII

LE TROISIÈME LIVRE D'UNE BIBLIOTHÈQUE

Le premier livre d'une bibliothèque chrétienne, après l'Evangile et l'Imitation, est sans contredit la Vie des saints. Ce livre des siècles de foi a opéré des milliers de conversions éclatantes. Aujourd'hui il soutient, par ses nombreux exemples, la bonne volonté, la force et le courage de tous ceux qui veulent marcher à la suite des saints de leur âge, de leur sexe et de leur profession.

Le jansénisme, exagération religieuse, est venu intimider les âmes, présenter nos modèles vénérés comme des exceptions qu'on ne pouvait plus suivre. En diminuant les grâces d'en haut, ils ont exagéré les choses austères et effrayé la douce piété. Dès lors la piété s'est refroidie dans les contrées où s'est implantée cette plaie antiromaine.

Mais enfin un retour à la vérité, c'est-à-dire à l'unité, éclate partout. Que Dieu en soit béni ! son regard s'est étendu sur les diocèses infectés. On est revenu de nos jours aux hagiographes purs : on réprouve les doctrines délétères des sociétés, des philosophes et des savants sans science. N'a-t-on pas de nos jours assez vu de miracles matériels et spirituels, du moins ceux qui prouvent vraie notre thèse et qu'on ne peut nier, leur authenticité étant absolument garatie. *Ut videant !*

C'est donc une nécessité de relever aux yeux des peuples chrétiens et dans toute sa splendeur les titres de ceux qui ont droit à nos hommages, à notre vénération et à notre reconnaissance.

C'est ce que nous avons essayé d'entrerendre pour notre faible part en publiant la biographie de saint Roch, envers qui notre famille, les Triviens, doivent une éternelle reconnaissance pour un signalé bienfait dans des temps difficiles.

TROISIÈME PARTIE

INTRODUCTION

A notre époque où la lecture est devenue un besoin universel, nous avons cru indispensable, après nos trois autres études, de donner la vie de saint Roch et celle de son illustre conquête.

La vie des saints, c'est l'Evangile en abrégé où l'on apprend que le bien suprême de la vie, c'est de s'immoler aux devoirs de son état et de sa religion et dédaigner les joies grossières, et quelquefois mortelles de ce monde, pour élever, dit saint Jean-Chrysostôme, nos pensées et notre amour vers les joies pures et éternelles de la cité de Dieu.

Les saints que Dieu suscite de siècle en siècle jouent un grand rôle dans le monde, ils sont une preuve visible de la divinité de Jésus-Christ et les instruments de sa divine Providence sur les peuples, et c'est souvent par eux qu'il intervient dans les affaires d'ici-bas pour accomplir ses volontés toujours saintes, toujours adorables sur le juste comme sur l'injuste.

Nulle lecture plus attrayante et plus substantielle. Donner la vie de saint Roch, c'est publier l'Evangile en entier ; c'est remettre en lumière un trésor presque ignoré. Nous le savons, présenter à notre siècle frondeur, égoïste, sensuel, libre-penseur, la vie d'un noble Français, humble serviteur de Dieu, pauvre volontaire quoique issu d'une famille opulente, n'est-ce pas lui montrer par des faits, qu'il y a un autre héroïsme que celui qu'on déploie sur le théâtre de ce monde, une autre grandeur que celle qui consiste dans l'éclat du nom et des dignités, une autre gloire que celle qui sort des richesses nobiliaires, des applaudissements de la foule ou des champs de bataille.

Cette vie, si pleine des plus éminentes vertus, renferme en elle tous les genres de gloire chrétienne, parce qu'elle s'allie à toutes les positions sociales parce qu'il n'est aucun état, aucune profession qui ne puisse se plier, dit saint Roch, au joug si doux et si léger de Jésus sauveur.

Saint Roch nous apparaît comme une des belles figures de son temps, et une des plus belles qui aient germé et qui se soient épanouies au commencement du xive siècle dans le jardin de l'Eglise catholique, toujours si féconde en sainteté.

Nos pauvres idées du xive siècle ne rendront jamais la rayonnante figure de saint Roch comme nos vieux hagiographes. Le lecteur le reconnaîtra, du reste, dans le cours de cet ouvrage, mais du moins il trouvera dans cette mosaïque un aliment à sa piété et une agréable diversion à ses travaux quotidiens.

Il voudra bien me permettre aussi de saluer ensemble, en passant, l'antique ville qui fut le berceau de saint Roch.

Entre le xiiie et le xive siècle, Montpellier

était la reine des cités environnantes dans la partie de notre vieille Occittanie.

Un ciel pur, une mer d'azur, un sol agréable, une atmosphère chaude, un air embaumé, un marché florissant qui devint bientôt un riche entrepôt du Levant, lui valurent sa célébrité.

Mais ses trois enfants : l'Ecole de médecine, Urbain V et notre saint Roch furent toujours sa principale gloire.

Urbain, professeur émérite, d'une éloquence et d'une science qui étonnait la science des savants, élevé sur le trône pontifical par acclamation du clergé et du peuple sous le nom d'Urbain V, fit sa renommée.

Saint Roch, qui sauva de la peste elle et tant d'autres villes, fit sa gloire.

L'Ecole de médecine, source et lumière de l'art médical en France, qui s'exerce sur le vif, à nos risques et périls, fait sa noblesse, depuis près de huit cents ans.

Mais ce qui fait briller cette ville du plus vif éclat, c'est que, dans ses âges de foi vive et respectueuse, la science et la religion ne s'excluaient pas mutuellement, comme de nos jours.

Un sénateur n'avait pas encore inventé et fabriqué la libre-pensée et la morale indépendante, un académicien, l'homme machine animale, mais toutes deux formaient ensemble une alliance aussi solide qu'utile et harmonieuse. L'accord de la raison et de la foi était un fait aussi constant que radieux, affirme M. Recluz, son historien.

Et, en effet, personne ne doutait alors que ces deux lumières, données à l'homme pour le diriger et le conduire à travers les obscurités de cette vie, ne puissent, quoique par des moyens différents, s'harmoniser et se confondre dans la recherche et la contemplation de la vérité dont Dieu est toujours le principe, le centre, le foyer, l'objet et la fin, mais, comme deux sœurs, elles chantaient ensemble la gloire, la sagesse, la puissance du Créateur dans l'étude et son plus beau chef-d'œuvre, l'homme, tout l'homme.

Aussi existait-il une vraie fraternité entre le sacerdoce et le corps médical, l'un et l'autre se livraient avec intelligence et amour au bien-être physique et moral de l'humanité. De là le respect et la considération que ces deux illustres corps enseignant se rendirent réciproquement, et que l'on cherche vainement aujourd'hui que l'égoïsme, le sensualisme, l'antagonisme, le panthéisme, le scepticisme scientifique l'ont tuée.

Hélas ! que sont devenues les luttes mémorables que cette école a soutenues longtemps avec persévérance. Cette force morale, qui faisait courir vers elle une jeunesse avide et studieuse ? Son titre de noblesse aujourd'hui partagée par la loi entre plusieurs autres villes. Ne voyez-vous pas que le progrès des vents de l'indifférence et de l'incrédulité ont soufflé par là ? que la mission providentielle des villes comme celle des hommes a son terme ? Montpellier a bien rempli la sienne.

« Qu'on ne se moque donc plus du moyen-
« âge, s'écrie M. Testa, journaliste, le moyen-

« âge était une grande époque, et les moines
« chez qui s'était réfugiée la science, d'incom-
« parables génies, et nous ne sommes à côté
« d'eux que des nains ! »

Ne faites-vous pas erreur M. Testa ? les écrivains du *Siècle* et de *tanti quanti* ne vous contredisent-ils pas tous les jours ? dans les splendeurs d'un progrès contestable bien différent et nuisible même, sous d'autres points ?
« Je le sais, répond M. Testa, mais les fils de
« la libre-pensée ne peuvent autrement juger
« les faits historiques qui les écrasent. Qui
« n'a pas la crainte de Dieu est un athée, et
« bientôt un sélérat. »

La preuve de cette assertion est palpitante d'actualité ; le fer, le feu, le sang sont encore là chez nous vivants, comme des témoins accusateurs.

Mais revenons à notre saint, sa vie admirable d'élan vers la perfection évangélique, ses sacrifices héroïques, ne sont-ils pas une manifestation éclatante de la vie du Christ, dont il retrace glorieusement les traits? comme on le verra plus loin, et ne peut-on pas, sans exagération, lui appliquer ce que dit de Jésus-Christ saint Mathieu, chap. xi et xv, qu'il allait à travers les villes, les bourgs et les villages, guérissait toute langueur et toute infirmité? C'est ce qui fait son auréole parmi les peuples et les saints amis de Dieu et de l'humanité souffrante. C'est son sublime ministère de guérisseur des peuples au milieu de la cruelle épidémie qui affligeait son époque. Et c'est précisément ce qui explique la vénération, le culte et la haute renommée dont il jouit dans le monde, son nom étant devenu partout une consolation, une espérance, une sauvegarde contre les fléaux contagieux qui viennent quelquefois affliger, désoler, épouvanter la pauvre humanité dont, avant de rendre sa belle âme à Dieu, il demanda de rester le protecteur dans la suite des âges.

Mais terminons cette introduction déjà trop longue en disant :

Le pape Urbain V, le glorieux saint Roch,

la noble cité qui fut sa mère, ont tous les trois rempli leur destinée dans le monde en faisant le bien, et la gloire terrestre particulière à chacun d'eux rejaillit sur tous, dans une parfaite harmonie.

OBSERVATIONS PRÉLIMINAIRES.

Avant tout, loin de nous la prétention de donner cette étude comme une création nouvelle, mais bien comme une compilation complète, après de sérieuses recherches et nos propres informations, les émaillant de faits historiques et archéologiques propres à notre localité et au diocèse de Lyon.

Mais pour la satisfaction du lecteur, nommons les sources où nous avons puisé, nous attachant plus particulièrement aux deux auteurs les plus autorisés, le premier et le dernier.

Ainsi :

1er Jacques Vergine, dans sa *légende dorée*, tome II, p. 321, où nous trouvons une erreur par nous relevée.

2e Un manuscrit anonyme de l'an 1419.

3ᵉ Jean de Pin, année 1516.

4ᵉ Jean Fermelay, pieux maître d'école en la royale paroisse de Saint-Germain-l'Auxerrois, 1624.

5ᵉ Pichiani de Plaisance.

6ᵉ M. l'abbé Recluz, curé de Saint-Roch à Montpellier, dont l'ouvrage est justement estimé.

CHAPITRE Iᵉʳ.

PREMIÈRE VERSION.

Louis Roch descendait d'une haute famille de Narbonne (1). Son père se nommait Jean et

---

(1) La famille Roch était vraisemblablement de Narbonne, qu'elle avait quittée depuis de longues années, en y laissant des parents vivant encore du temps de saint Roch, pour aller s'établir à Montpellier. C'est un fait acquis à l'histoire. La généalogie de sa noble famille apparaît, en effet, dans les annales de Montpellier dès le xiiᵉ siècle. Des actes authentiques l'appellent enfant de Montpellier. Nous avons aussi les témoignages des anciens hagiographes, la légende du Bréviaire, la tradition et la croyance de la chrétienté, l'affirmation de l'Eglise qui dans son martyrologe, le fait naître et mourir à Montpellier. Toutes ces preuves, recueillies avec soin par M. Recluz, lèvent toute incertitude et prouvent que la *légende dorée* s'est méprise.

sa mère Libérie. A l'âge de 12 ans, il commença à châtier son corps par l'abstinence. Ses parents étant morts, il se trouva en possession d'une fortune considérable qu'il distribua aux pauvres et, renonçant à tous les biens et à tous les honneurs du monde, il se couvrit de vêtements misérables, puis ayant pris une gourde et un bâton, il s'en alla en pèlerinage en Italie.

Alors, Aquapandante, Ceseine, Plaisance, plusieurs autres villes et villages étaient en proie aux ravages d'une affreuse maladie pestilentielle et saint Roch les en délivra en faisant seulement sur eux le signe de la croix.

La ville de Florence avait à souffrir du même fléau, saint Roch se rendit à l'hôpital où étaient réunis les malades, et les guérit tous par le même et simple remède du signe de la croix, d'où procède le salut et la vie.

Après ces guérisons, saint Roch eût immédiatement après la cuisse percée d'un coup de flèche par un chasseur invisible. Dieu éprouve ordinairement ses fidèles serviteurs, quand il les gratifie de quelque don surnaturel, comme saint Paul, de peur que la grandeur de ce privilége n'enfle leur cœur d'orgueil et ne les fasse déchoir de la dépendance due au dispensateur suprême de toute grâce et de tout don parfait.

Après de grandes souffrances et de la plaie et de la faim dans un lieu solitaire, non loin de la ville et sans secours humain, il recouvra miraculeusement la santé et retourna au pays de la Gaule livré alors aux horreurs de la guerre. Arrêté comme espion dans sa propre ville, il fut jeté en prison par ses propres concitoyens. Il y resta cinq ans, supportant cette affliction avec la plus grande patience et vivant dans une extrême austérité. Il demandait au Seigneur que ceux qui invoqueraient son nom fussent protégés contre la peste. Puis il s'endormit en paix à l'âge de 32 ans, l'an du Seigneur MCCCXXIX (1329), le XVI des calendes de septembre.

On trouva à ses côtés une tablette sur laquelle étaient inscrits ces mots : « Je certifie que ceux qui seront menacés de la peste et qui auront recours à saint Roch, seront préservés de cette maladie. »

Un de ses parents (probablement son oncle, grand propriétaire à Narbonne), ayant appris ces faits extraordinaires, lui fit célébrer de somptueuses funérailles en versant beaucoup de larmes et ériger à grands frais une belle chapelle, l'an du Seigneur, MCDXV (1415). On porta son corps en Italie, où s'effectuèrent des miracles nombreux et où de tous côtés on éleva des chapelles et des églises en son honneur. Vingt ans plus tard, ses reliques enlevées furtivement furent apportées à Venise où les sénateurs les reçurent avec la plus profonde vénération et y construisirent sous son invocation une magnifique basilique.

CHAPITRE II.

MORALE A TIRER DES FLÉAUX.

L'enseignement chrétien nous apprend que Dieu qui se plait parfois à frapper pour un temps les hommes violateurs de sa loi, afin de leur rendre triste cette vallée de leur exil, et de leur rappeler et faire désirer la céleste patrie, envoie toujours des avertissements ou fléaux, comme on le voit aux différentes époques de notre histoire et en dernier lieu en 1870 et 1871, par le triple fléau de la gelée, de la sécheresse et de la grêle, surtout par l'invasion étrangère, la guerre civile, le feu et le sang qui promenèrent la misère, la désolation, la honte et le crime sur tout le sol de la France.

O orgueil, égoïsme, confortable, libre-pensée ! péché révolutionnaire contre le Saint-Esprit, péché de Lucifer dans le ciel que tu causes de ravages ! que tu énerves d'âmes ! tu fais ta maîtresse, tu te promènes orgueilleusement par tous les chemins de l'Europe, t'imaginant toujours triompher sur les ruines morales et matérielles que tu amoncelles sur nos têtes. Mais tu n'oublies qu'une chose : tu oublies qu'il y a là haut un Dieu assis sur un trône immortel soutenu par la justice et appuyé par la toute-puissance, qui, à un moment donné connu de lui seul, peut t'écraser comme il a écrasé autrefois ton père dans le Ciel !

Mais, si le malheur te régénère moralement et matériellement, eh bien ! comme tout peuple est guérissable, tu éprouveras la grandeur, la félicité, toutes les bénédictions dont ses mains sont pleines pour sa fille aînée, notre chère France.

Ainsi après avoir imité l'enfant prodigue, s'être nourri comme lui avec les pourceaux de la libre-pensée, te relevant de la boue démagogique et reprenant le chemin de la maison du père du genre humain, qui, les bras étendus, versera sur toi le baiser du pardon, te rendra l'anneau nuptial, ton ancien héritage, tu te trouveras fort heureux dans le Seigneur ton Dieu ! Autrement, il n'y a point de conciliation entre Jésus-Christ et Bélial, la lumière et les ténèbres, la vie et la mort ; et pour que notre foi ne défaille pas, et que nous sortions fidèles et prospères de nos épreuves, qui ont pesé sur nous d'un poids si lourd en punition de nos infidélités, il faut recourir à la prière dont la puissance a tant de part dans le gouvernement de ce monde par la Providence. La prière pénétrera les cieux et fléchira en notre faveur Dieu irrité de notre abandon et de nos mépris.

Attendons tout du ciel et de nos saints Patrons par de ferventes prières accompagnées par la charité. La charité leur prêtera ses ailes pour être plus favorablement accueillies, et toucher plus sûrement le cœur si charitable de Dieu et des saints, et tout le reste nous viendra par surcroît, d'après les promesses de Celui qui nous a créés sans nous, qui n'a pas besoin de nous, qui nous a aimés le premier, en gratifiant tout homme de l'être, du mouvement, de la vie et de la grâce ordinaire pour arriver à la connaissance de la vérité, et de la grâce extraordinaire méritée par la rédemption pour arriver à la sainteté.

Il est vrai aussi de dire que Satan a de tout temps combattu par ses suppôts et les faux-sages, dont abonde notre siècle, la vénérable antiquité et l'ancienne simplicité chrétienne, en essayant de diminuer, pour ne pas dire détruire, le culte immémorial et universel des peuples pour les saints protecteurs, sur lequel le protestantisme, nouvel iconoclaste, n'a pas craint de porter une main sacrilège.

Mais il y a lieu d'espérer que les Triviens, qui possèdent dans leur église deux riches trésors historiques, ressentiront de plus en plus les heureux effets de leur dévotion envers saint Roch et saint Christophe, si les fils continuent les pratiques religieuses de leurs pères, qui obtinrent, par leur protection auprès de Dieu, la délivrance de plusieurs fléaux.

CHAPITRE III

LES PARENTS DE SAINT ROCH.

Le père de notre saint s'appelait Jean Roch. A la noblesse du sang, à la dignité du commandement, il joignait l'éclat d'une probité antique, d'une justice sans reproche, d'une vertu sans faiblesse et d'une religion sincère ; c'était selon le langage évangélique : un homme juste et craignant Dieu. Voilà le portrait que nous en font les hagiographes de ce temps (1).

---

(1) Depuis le XIe jusqu'au XIVe siècle, cette famille a toujours joui des honneurs et d'une grande renommée. L'histoire de la commune de Montpellier et les Bollandistes comptent un grand nombre de ses membres soit

Il avait épousé une noble dame nommée Libère, trésor que le ciel promet à l'homme de bien : *Pars bona, mulier bona* (Ecclésiaste). Or, on peut bien leur appliquer ce que dit saint Luc des saints époux Zacharie et Elisabeth : « Tous deux étaient justes, marchant sans reproches

---

parmi les consuls de la ville, soit remplissant de hautes charges, entre autres Raymond Roch, qui épousa la veuve de Guillaume de Narbonne. Un Etienne Roch a signé l'acte d'union des bourgeois et du vicomte de Narbonne. Un autre, Guillaume, sert de secrétaire à Jacques le Conquérant, dans la prestation de serment faite à ce prince par les consuls. Un autre, Jacques Roch, est évêque et chancelier de ce même roi-seigneur. Un autre, Raymond Roch, est député auprès du roi d'Arragon. Plusieurs autres remplissent les fonctions de bailly et de lieutenant-royal. Enfin, un Imbert Roch est envoyé au nom de la ville auprès de Grégoire XI, et en obtient des lettres de recommandation pour le roi afin qu'il décharge la commune des trop lourds impôts du duc d'Anjou.

Mais la gloire de saint Roch est assez grande et sa couronne assez riche par elle-même, pour qu'il se passe de celles de ses ancêtres dont la véritable illustration vient de nous l'avoir donné.

dans tous les commandements du Seigneur. »
Dieu couvre au contraire d'opprobre les époux
infidèles à leur vocation et ne leur prépare que
la honte ou un fléau.

NAISSANCE DU SAINT

Ils jouirent donc pendant de longues années
de la fortune, de l'estime publique et de l'intime félicité du foyer domestique ; et pourtant
il manquait quelque chose à leur bonheur, les
joies de la famille, lorsque le ciel leur accorda
un héritier de leur nom et de leurs biens.

Un jour que Libère sortait de prier dans la
chapelle, auprès du tabernacle, et tout proche
de l'image de Marie, vierge et mère immaculée,
elle parut rayonnante de joie de devenir mère
et d'avoir un enfant de bénédiction. Neuf mois

aprés Libère donnait à sa famille, à la ville et au monde, l'enfant désiré (1).

Présage de sa sainteté et signe de sa mission.

Mais ô prodige ! l'étonnement du père et de la mère fut grand lorsqu'ils découvrirent sur la poitrine du nouveau-né une croix gravée dans sa chair et ils se dirent comme les parents de Jean-Baptiste, que cet enfant était destiné à de grandes choses.

La cérémonie du baptême eut lieu avec grande pompe. On lui imposa le nom de son père, Jean Roch, comme devant continuer sa noble lignée.

Sa mère le nourrit elle-même; car, à ses yeux, ce n'était pas seulement le vœu de la nature, mais aussi le commandement de sa religion, puisque c'est à la femme chrétienne qu'il appartient d'introduire un enfant non-

---

(1) C'était vers la fin du XIIIe siècle, près de cent ans avant la fondation de la nef principale et latérale de gauche de l'église de Trèves faisant face à celle de la chapelle primitive de droite.

seulement dans la vie physique mais aussi dans la vie religieuse et morale : à elle, de former ses penchants, ses habitudes, ses mœurs, sa conscience, ses convictions. C'est ainsi que toute femme doit comprendre ses devoirs et sa mission de mère.

ENFANCE DE SAINT ROCH

Telle fut la mère de saint Roch. Aussi les premiers exercices de religion qu'il pratiqua furent les mortifications que l'âme forte de sa mère s'imposait. Les premiers essais de religion naturelle sont ceux qui s'impriment le plus naturellement, le plus facilement et le plus profondément dans l'esprit et dans le cœur de l'enfant pour le reste de la vie.

A mesure qu'il approchait de l'âge de l'adolescence, les trésors de sagesse versés dans son âme par sa pieuse mère et son vertueux père, brillaient d'un plus vif éclat. La grâce de Dieu était en lui : *gratia Dei erat cum illo* (Saint Luc). C'est une certitude historique qu'il était d'un caractère doux, humble, charitable ; l'on peut dire qu'il commença dès lors son apostolat dans la maison de son père, parce que la sagesse a été en lui comme un fruit mûr avant le temps. (*Ecclésiaste.*)

JEUNESSE DE SAINT ROCH ET MORT DE SON PÈRE

Arrivé à la jeunesse, la mort de son père allait briser cette âme candide, et lui faire boire de bonne heure le calice d'amertume ; mais il fallait céder à Dieu, et se soumettre à la loi commune avec une humble résignation et c'est ce qu'il fit.

Dans ces temps où la religion régnait dans la famille et la société, les pères chrétiens, à l'exemple des patriarches, rassemblaient leur famille auprès de leur lit de mort pour leur laisser leur testament de sagesse. C'est ce que fit le père de Roch; il fit appeler son jeune héritier et lui dit :

« Mon fils, vous allez me perdre de ce monde; mais il vous restera votre père qui est aux cieux; votre vie lui appartient, restez lui fidèle jusqu'à la fin de vos jours, et gardez-vous de transgresser ses préceptes.

« Mon fils, je vous laisse un riche héritage : usez-en chrétiennement; aimez les pauvres, consolez les affligés, soulagez les malheureux.

« Mon fils, ayez soin de votre mère, honorez-la, aimez-la comme elle vous a aimé, et lorsque Dieu l'appellera à lui, ensevelissez-la auprès de mon corps.

« Mon fils, recevez ma bénédiction ; je vous bénis. »

Le jeune homme reçut comme un oracle du ciel dans son cœur, dans sa liberté, dans sa volonté le testament de son père en s'inclinant profondément devant lui. Bientôt après ce grand serviteur de Dieu entrait au séjour des joies de son Seigneur et Maître.

Ces recommandations et cette mort mûrirent l'esprit du jeune homme, et lui donnèrent des ailes pour monter à cette perfection morale dont Dieu avait déposé dans sa pensée l'idéal divin.

Comme saint Jean à l'égard de Marie, saint Roch voua sa jeunesse à entourer sa mère de soins, de respect et d'amour.

CHAPITRE IV

MORT DE SA MÈRE

Mais peu d'années plus tard, la mission de sa mère étant finie, elle devait aussi quitter la terre et rouvrir la tombe de son mari pour lui être unie jusques dans la mort.

Il y a de saintes tristesses dans l'âme des saints; mais seule, la religion a un baume consolateur pour toutes nos douleurs. Saint Roch a éprouvé les unes et les autres.

Après avoir payé à sa pieuse mère un juste tribut de regrets et de larmes, il entra en retraite dans la solitude de sa maison. C'est là qu'il apprit dans la prière et la méditation à se contenter de Dieu seul, que son âme grandit, et que le secret de sa vocation lui fut révélé. Il avait lu ces paroles de Jésus-Christ : « Si tu veux être parfait, vends ton bien, donne le aux pauvres et tu auras un trésor dans le ciel ; puis viens, suis-moi (jusqu'au Calvaire, jusqu'au ciel). » (Saint Mathieu, xix.)

Comme le jeune homme riche de l'Evangile, saint Roch entendit et comprit mieux que lui cet appel du maître. Il ne recula pas comme lui devant le dépouillement des biens, des honneurs et des dignités. Sans regret, comme sans tristesse, il se dévoua aux sacrifices de toute la vie afin de devenir un vrai disciple de la croix.

ABANDON DE SES BIENS

Malgré les sollicitations de son oncle et des amis de sa famille, faisant valoir toutes les raisons humaines qui pouvaient l'empêcher de donner suite à son projet, il resta inébranlable dans sa résolution.

La législation de son temps ne lui permettant pas de vendre, ni d'aliéner ses domaines, il en remit l'administration à son oncle, ainsi que les dignités et les charges attachées à sa maison, recueillit ce qui lui restait de ses richesses patrimoniales, et les distribua lui-même aux pauvres, aux veuves, aux orphelins, aux vierges pauvres, aux malades et infirmes, aux vieillards indigents et cela jusqu'à sa dernière obole.

Le frère de son père et ses amis ont pu entendre un concert de bénédictions s'élever de tous les cœurs, et savoir ce que c'est que le bonheur divin de faire des heureux. Celui de notre saint, c'était de se voir conforme à l'image de Jésus-Christ.

Après être descendu de son opulence, et s'être fait pauvre librement et volontairement, il allait enrichir son pays et le monde de ses vertus, de ses exemples et de ses mérites.

DÉPART DE SAINT ROCH

Parvenu à l'âge de vingt ans, saint Roch, considérant la vie de pèlerin qu'il allait entreprendre, vivant d'aumônes, n'ayant d'autre famille que la grande famille humaine dont le père est aux cieux, trouva que cette chétive vie réalisait complètement la perfection évangélique, se rapprochant le plus de la vie du Sauveur, et il l'embrassa.

En ce moment, des marchands arrivés à Aigues-Mortes répandaient le bruit sinistre de peste en Italie! peste à Rome! et ces mots répandirent l'épouvante dans tous les esprits, excepté dans celui de saint Roch, qui s'écria aussitôt : Voilà ma vocation, Dieu m'appelle ; je me vouerai au salut de mes frères en Jésus-Christ.

En effet, il met aussitôt en exécution le mandat impératif du ciel, se revet d'habits grossiers, prend une gourde et un bâton à la main et part pour l'Italie.

Dans ces temps de foi, les pèlerinages au tombeau des saints apôtres étant fréquents, on vit à Rome jusqu'à deux cent mille pèlerins. Aujourd'hui un vaste quartier de la ville leur doit son existence; il se nomme Transtevère. En entrant dans la ville ils chantaient : O noble Rome, maîtresse du monde, la première des villes, siége suprême du pontife universel, rouge du sang des martyrs, blanche de la blancheur des vierges, nous te saluons, nous te bénissons à jamais. Puis, arrivés vers les cendres des apôtres : O Pierre! puissant porteclefs du ciel! ô Paul! dont la sagesse a vaincu les philosophes! exaucez nos soupirs; souvenez-vous des prières que nous vous adressons aujourd'hui loin de nos familles, et pour nos familles, et lorsque vous jugerez les douze tribus d'Israël, soyez juges indulgents et pères miséricordieux pour nous, nos familles, la société entière (1).

La résolution en est prise, et, sans délibérer, notre saint se revêt, dit son historien, d'une robe d'étoffe rouge surmontée d'un petit manteau grossier, d'un chapeau à larges bords, d'une besace de toile suspendue à ses épaules et destinée à recevoir le pain de l'aumône, d'une forte chaussure pour une longue course, et d'un long bâton auquel il suspendit la gourde traditionnelle remplie du liquide destiné à étancher sa soif sous un ciel brûlant.

Ainsi revêtu, sa ville natale voit avec un étonnement mêlé d'admiration ce seigneur, ce riche et ce jeune homme de vingt ans, devenu pauvre de Jésus-Christ, partir pour la ville éternelle dans un temps où la peste sévissait dans toute l'Italie. Parmi cette multitude innombrable, les uns gémissaient sur sa con-

---

(1) Tableau des institutions et des mœurs de l'Eglise au moyen-âge, par Hurter.

duite, les autres la bénissaient, d'autres la traitaient de folie. Quelques jours après, personne n'y pensait plus, notre pèlerin était parti.

SON VOYAGE.

L'amour de la patrie, comme l'amour filial, est un sentiment noble qui nous vient de Dieu. Les saints missionnaires seuls savent s'immoler à Dieu et en faire la matière de leurs mérites. Saint Roch bénit une dernière fois son berceau et sa patrie pour n'en avoir d'autres que le ciel.

Une fois en route, il marche avec confiance jour et nuit, traverse le Rhône, se trouve dans Avignon, alors ville des papes. Peut-être alla-t-il, avant d'en sortir, recevoir la bénédiction papale à l'exemple des autres pèlerins. Toutefois sous l'inspiration divine, il marche encore, traverse le Piémont, franchit les Alpes, mendiant son pain, couchant dans les hôpitaux (1) ou à la belle étoile et arrive bientôt dans la ville de sainte Catherine de Sienne, où la population de la ville, ainsi que celle de toutes les campagnes qu'il avait traversées, était dans la crainte, l'effroi, l'épouvante du fléau qui s'avançait. Tous se purifiaient avec du vinaigre, de la menthe ou du romarin ; tous fuyaient vers les montagnes croyant échapper ainsi aux miasmes pestilentiels ; en un mot la terreur régnait partout sur son passage.

Là, il apprit que la peste exerçait ses ravages tout près à Aquapandante. Notre saint pèlerin court au secours de cette ville étayée sur un mamelon isolé de l'Apennin, d'où sortaient de nombreuses sources d'eau et une magnifique cascade.

---

(1) Au moyen-âge, des asiles semblables étaient échelonnés entre les villes et les villages, où les pèlerins las et poudreux étaient hébergés fraternellement et en sortaient bientôt pour faire place à d'autres.

Dans une pareille situation d'hygiène, comment la peste a-t-elle pu y pénétrer ? La science médicale n'a pu l'expliquer, c'est resté un mystère, car la cause réelle, mais latente, qui échappe à ses investigations, demeure le secret de Dieu.

Saint Roch s'y vit entouré des déchirants cris de la douleur, des poignantes convulsions du désespoir, du lugubre silence de la mort, de larges et profondes fosses remplies de cadavres livides. A la vue de tant de maux qui déchirèrent son tendre cœur, et se rappelant que Dieu a sauvé le monde par la croix, il se dit à lui-même : A moi, son disciple, de m'immoler pour mes frères ! A moi aussi de les sauver par la vertu de se signe sacré qu'il a marqué lui-même sur mon cœur ! et il vole à l'hôpital. Il veut entrer, mais Vincent, l'administrateur de l'hôpital, l'arrête, en disant que sa jeunesse et la faiblesse de son tempérament deviendraient bientôt infailliblement la proie du fléau. Mais la douce et persuasive parole du pèlerin le désarme et il le laisse entrer. Saint

Roch se trouve en présence de toutes les douleurs accumulées et au milieu d'un nombre considérable de malades. Son premier soin fut de les consoler et de les bénir en priant le Dieu des affligés de les délivrer d'une mort certaine ; puis, allant d'un lit à l'autre, il les encourageait de sa parole et de ses regards, touchant de son doigt leurs membres infects et les marquait du signe sacré qui sauva le monde.

O Prodige ! Tous ceux que la main du saint thaumaturge avait touchés étaient guéris et sauvés à l'instant. Quand il eut fini, la contagion avait disparu de l'hospice, des actions de grâces partirent de toutes les bouches et le bénirent comme un ange envoyé du ciel. Allant ensuite de maison en maison, parlant de Dieu, de l'âme et du corps, il opérait le même miracle de salut et de guérison. Alors la ville entière dans sa reconnaissance le proclama à l'envi le libérateur du peuple.

Mais sa mission n'était pas finie ; là ne devait pas se borner sa charité. Le récit de ce premier prodige s'étendit au loin : en tout lieu, on parlait de sa personne et de ses hautes qualités, on cherchait à connaitre son nom ignoré de tous, on savait seulement qu'il venait du pays de France.

Ayant connu par tout ce qu'il voyait ou entendait qu'on voulait le retenir dans le pays, en faire leur chef en le plaçant à la tête de leur ville, comme son divin modèle, il s'enfuit secrètement, se dirigea vers les montagnes et quitta cette contrée pour exercer ailleurs d'autres actes de charité, là ou Dieu l'appelait.

CHAPITRE V

SAINT ROCH A CÉSÈNE ET A RIMINI.

De sa retraite d'Aquapandante, saint Roch marchait vers Rome, but désiré de son pèlerinage, lorsqu'en route il apprit que la peste ravageait Césène, ville forte divisée en deux parties par son fleuve. Aussitôt sans délibérer, il rebroussa chemin, franchit de nouveau la chaîne de l'Apennin et suivant la voie flavienne il arrive dans la ville désolée, se met à l'instant à l'œuvre le jour et la nuit, employant son remède unique et tout puissant en imprimant le signe de la croix sur les membres des pestiférés et le mal s'apaisait et disparaissait bientôt après.

Quelques jours lui suffirent pour ramener la santé, la joie et la sécurité dans tous les esprits épris de ce merveilleux changement par un moyen si simple et pourtant si efficace qui n'appartient qu'aux amis de Dieu. Aussi, s'enleva-t-il aux ovations enthousiastes de ce bon peuple ; Dieu lui réservait la gloire et la renommée dans l'amour et le culte de la postérité. Ne se réservant rien pour ne pas perdre le mérite de ses œuvres de bienfaisance, il cachait soigneusement sa qualité, son nom, son pays, pour en laisser la gloire à Dieu seul qui voit dans le secret et glorifie au grand jour, comme il est arrivé à tous les saints, qui, pendant leur vie d'humilité, de mortifications et de bonnes œuvres, se sont cachés en Dieu avec Jésus-Christ, le roi de toutes les vertus.

Nous retrouvons notre jeune pèlerin sur la route de Rimini, située sur les bords de l'Adriatique, célèbre par ses deux voies de grande communication, ses deux portes ornées d'arcs de triomphe et son pont en pierre de marbre.

Cette ville en deuil avait hissé le drapeau

noir ; toute famille comptait des morts parmi ses membres ; ce n'étaient que cris et lamentations appelant le secours du ciel. La renommée avait porté aux habitants qu'un étranger par un don divin avait chassé devant lui les miasmes contagieux dans deux villes voisines ; ils demandaient à Dieu de leur envoyer ce saint homme, lorsque parut à la porte principale le mystérieux pèlerin. A sa vue, l'espérance renaît dans tous les cœurs et refleurit sur tout les visages.

On n'attendit pas qu'il entrât dans les hôpitaux et dans les maisons, tous s'empressèrent de porter leurs malades sur les places publiques ou dans les rues qu'il devait traverser, et tous furent guéris par le souverain signe de la croix et la peste disparut totalement de la contrée.

LA PESTE A ROME.

Après ces trois petites villes où Dieu avait marqué son doigt, il allait appeler le zèle de son fidèle serviteur sur un plus illustre et plus vaste théâtre. Une rumeur sinistre courut dans toute l'Italie, portant l'épouvante dans tous les esprits et même dans les plus fortes têtes : la peste avait éclaté à Rome et dans la campagne romaine ; dans la panique générale les routes étaient encombrées de malheureux fuyant le fléau et mille autres désolations.

Sur ces lamentables récits, saint Roch reprit son bâton et disparut de Rimini ; précipitant sa marche, il se trouva en peu de jours aux portes de la ville sainte, assise sur ses sept collines rougies du sang chrétien.

Après un rapide regard d'admiration et un salut de vénération sur l'auguste ville des césars et des papes, il traverse le fleuve du Tibre sur un beau pont, entre la porte triomphale et se trouve en face de palais en ruines, des gémissements de la foule, de la misère des riches, de morts et de mourants. Cette vue jette son âme dans une profonde tristesse, ses yeux et son cœur en haut appelaient la miséricorde céleste et la guérison spontanée de son peuple, veuf de ses papes depuis soixante-dix ans, et tombé dans la pauvreté après avoir été riche comme une reine et ayant maintenant autant de blessures qu'il a d'églises et de palais.

Au milieu de ce vaste tombeau, notre saint se mit aussitôt à l'œuvre ; il visita les hôpitaux et les réduits les plus infects, où étaient entassées les victimes de la peste, résolu de les sauver ou de mourir pour elles. Son héroïque charité ne recula devant aucun danger, et partout le mal s'apaisait, la contagion cessait. Même les plus atteints revenaient à la vie, dès que sa main puissante les avait marqués du signe auguste de la croix. La confiance renaissait, les rues, les places, les églises cessaient d'être désertes; on ne s'entretenait que du médecin miraculeux; on se répétait en tous lieux ses nombreuses et prodigieuses guérisons, on bénissait le ciel de l'avoir suscité parmi eux. De tous côtés les malades sortaient de leurs réduits, çà et là, ou se faisaient porter sur son passage pour le voir, le toucher ou sentir l'impression de sa main puissante et être rendus à la santé et à la vie. Quant aux plus maltraités par la malignité de la peste et qui ne pouvaient être transportés hors de leurs lits, le médecin spiritualiste se transportait auprès d'eux et les guérissait instantanément. Aussi la joie publique, sortant des cœurs reconnaissants, éclatait-elle déjà sur tous les fronts et dans toutes les bouches.

Enfin son zèle se multipliait; il était partout où était le mal, et comme celle de son divin maître, sa charité fut plus forte que la mort. La peste fut vaincue et Rome était sauvée.

Il restait encore la campagne romaine; là, les troupeaux paissaient çà et là sans pasteurs, les fruits pendaient aux arbres, les récoltes étaient mûres, et personne pour recueillir les trésors de la terre ; des maisons entières étaient désertes, d'autres étaient pleines de pestiférés ; mais le médecin miraculeux était proche et partout il opéra les mêmes prodiges. Qu'ils étaient beaux les pieds de celui qui allait ainsi partout arracher des victimes à la mort !

Après avoir achevé son œuvre de guérison, il retourna à Rome, non pour recevoir les ovations de tout un peuple reconnaissant, mais pour accomplir son vœu de pèlerinage au tombeau des saints apôtres, dans les vénérables basiliques, dans les catacombes, dans les solitudes du cloître, dans l'humble mendicité de son pain, dans de longues prières à deux genoux. Partout et là seulement, le peuple pouvait le voir conférant avec Dieu de ses intérêts.

Un jour, on ne le vit plus, il avait disparu. La peste venait d'éclater dans la Lombardie. Il y courait à son secours à marches forcées. Mais les Romains ont conservé de lui un souvenir impérissable, et lorsque l'Eglise eut déclaré sa sainteté, ils lui ont élevé un riche sanctuaire, où ils vont implorer sa protection, de même que les Triviens viennent pour les mêmes raisons dans sa chapelle où brille son image du XVe siècle, qui sauva leurs pères de la peste noire.

SAINT ROCH A PLAISANCE.

Après avoir franchi en peu de jours la voie flavienne conduisant en Lombardie, bordée des deux côtés de riches campagnes, jouissant d'un air doux et pur, mais qui donnait alors la mort, notre saint guérisseur entre dans cette belle contrée, où son passage fut signalé par une longue suite de miracles. Il arriva ainsi près de Plaisance, ville entourée de deux grands fleuves, avec ses monuments gothiques et ses maisons de briques rouges. Son historien, Pierre-Marie Compi, raconte ainsi son arrivée :

« Heureusement pour notre patrie eut lieu l'arrivée de saint Roch, gentilhomme français, de Montpellier, qui, après avoir accompli plusieurs pèlerinages, après avoir visité Rome et guéri dans toute l'Italie un nombre considérable de pestiférés, vint sauver de la contagion notre ville et son territoire.

« Mais avant de pénétrer dans notre ville, il entra dans l'antique église de Notre-Dame de Bethléem, située dans la banlieue, pour y prier à deux genoux devant l'image de Marie tenant l'enfant Jésus dans ses bras. Au milieu de sa prière, le saint homme entendit une douce voix qui, partant de l'image, lui dit : *Roch, serviteur de Dieu, ta prière est exaucée.* Encouragé par cette céleste promesse, il se rendit sans retard, selon sa coutume, à un de nos hospices, donnant ainsi la préférence aux pauvres ; s'approcha des malades, leur parla de Jésus-Christ, de sa puissance, de sa miséricorde, les bénit, marqua leur front du signe sacré de notre salut, et toujours la peste recula devant lui. »

SAINT ROCH ATTEINT LUI-MÊME DE LA PESTE.

Jusque là, supérieur à toutes les fatigues du jour et de la nuit, s'oubliant lui-même, ses forces semblèrent un moment faiblir; il sentit le besoin de prendre un instant de repos.

Il alla donc secrètement dans un bois voisin se soustraire aux acclamations de la reconnaissance populaire. Il s'y endormit bientôt d'un profond sommeil. Sa belle figure avait toute la majesté de l'extase. Notre-Seigneur, son unique maître et modèle, lui annonçait la fin de sa mission sur la terre, lui faisait connaître la part qu'il lui réservait à sa passion, à son calice et aussi les joies éternelles préparées à sa fidélité. Et le disciple recevait les communications de son divin maître avec le doux sourire d'une félicité anticipée.

Au sortir de ce ravissement, à son réveil, il

sentit tout à coup comme un glaive aigu lui percer la cuisse et lui ouvrir une plaie large et profonde qui lui causa d'intolérables douleurs. Mais Dieu qui frappe ses amis les guérit aussi et les console toujours en Dieu.

C'était le charbon noirâtre qui venait de se déclarer à sa jambe gauche. La puissance du guérisseur des pestiférés avait cessé pour lui-même, pestiféré. Il ne lui restait plus que son humilité et sa patiente soumission de conformité à la volonté de Dieu, à la cruelle passion de Jésus-Christ, et à la douce force du Saint-Esprit.

Aux prises avec un mal violent, il n'avait néanmoins personne autour de lui ; sa sensibilité naturelle, sa faiblesse sans pareille, lui faisaient pousser des plaintes, mais des plaintes amoureuses.

Comment cet homme qui, hier encore, commandait à la peste, est-il aujourd'hui vaincu par elle? Ceci demande une explication.

CHAPITRE VI

MYSTÈRE DE LA SOUFFRANCE DES SAINTS.

Le pouvoir des saints manifesté par des actes miraculeux, n'étant qu'une délégation de la puissance divine dans un certain degré et pour un certain temps, Dieu permit souvent qu'ils fussent réduits à leurs propres infirmités, de peur que la grandeur du don qu'il leur accordait gratuitement n'enflât leur cœur d'orgueil et ne les fît déchoir de leurs propres mérites et de leur ministère subalterne, où il n'aurait pas trouvé sa gloire, ne la rapportant qu'à eux et aux applaudissements de la foule, et non à l'auteur unique de tout don parfait.

Ainsi saint Paul, ravi jusqu'au troisième ciel,

est néanmoins éprouvé par l'aiguillon de la chair. Ainsi Elie ouvrant et fermant à son gré les cieux pour en faire descendre la pluie, la sécheresse ou le feu, est obligé de fuir devant le courroux d'une femme, la reine Jézabel. Ainsi saint Roch, sauveur des peuples malades de la peste, est réduit à sa propre infirmité de nature, subitement malade de la même maladie, afin qu'il se reconnaisse son sujet soumis et qu'il reste dans l'humilité volontaire, gardienne des vertus et de l'amitié des trois personnes divines.

Tel est le mystère des souffrances ; telle est la mesure de la puissance suppliante et restreinte des saints, dont Dieu vient souvent les avertir en permettant qu'ils soient eux-mêmes éprouvés, humiliés pour un temps. C'est là, en effet, la pierre de touche de leur humilité sincère, de leur soumission aveugle, et de leur fidélité raisonnée, à laquelle Notre-Seigneur a attaché un grand prix et qu'il paie ensuite d'une gloire immortelle. Saint Paul donne la raison de ce mystère des douleurs, en disant :

« La vie crucifiée de Jésus-Christ doit se manifester dans notre chair mortelle ponr compléter ce qui manque à sa passion et entrer ainsi dans sa gloire. »

Les justes de l'ancienne loi n'ont fait qu'entrevoir ce mystère dans la lumière de la foi ; les saints de la nouvelle alliance l'ont vu clairement dans la passion du Christ, et se sont efforcés de la réaliser dans leur personne. C'est ce qu'a fait saint Roch intimement uni à Jésus humble, pauvre et souffrant, après avoir bien étudié le grand livre de la croix. Et voilà la raison qui le fit entrer dans la route de son calvaire, pendant que son âme s'inclinait devant son Sauveur, accomplissant le mystère de la souffrance.

Saint Roch était rentré dans sa ville sans être guéri et sans pouvoir guérir les autres ; se traînant çà et là pour répandre quelques consolalations dans l'âme des mourants, il sentit bientôt ses forces épuisées et se coucha sur le pavé, poussant de douloureux gémissements qui excitaient la pitié des passants honnêtes, et soulevaient la colère des égoïstes contre le directeur de l'hôpital, qui laissait ainsi sur la voie publique un homme si gravement atteint, pouvant communiquer la peste et infester tous les quartiers de la ville.

Notre saint le comprit, se remua, s'appuya sur son bâton, se traîna tant bien qu'il put non loin de là, hors de la ville, au fond d'une vallée agreste, s'arrêtant souvent pour ranimer ses forces défaillantes. Là, dans un état d'agonie, il trouva enfin un refuge où il reposa ses membres brisés par la fatigue et le mal.

Etendu par terre, les yeux en haut, il offrit à Dieu, comme le saint homme Job, le sacrifice de sa misère, de son abandon de toute créature, de ses douleurs cuisantes, de sa confiance en la divine Providence, et, comme lui, ne murmura pas dans son affliction. Il s'en servit au contraire pour s'élever à Dieu, pour bénir et adorer sa volonté toujours sainte, se souvenant que Jésus-Christ sur la croix avait été sans secours comme sans consolations, sans perdre jamais confiance. Celle de notre saint n'a point été trompée. Nourri et abreuvé, comme Daniel dans la fosse aux lions par son frère Habacuc, comme Paul et Antoine, ermites, pendant soixante ans, par un corbeau, comme Elie marchant pendant quarante jours et quarante nuits à la montagne d'Horeb, d'un pain cuit sous la cendre et d'une petite tasse d'eau préparés par un ange. De même un caniche intelligent apportait chaque jour un morceau de pain à notre saint pèlerin agonisant, et une source, jaillissant spontanément du rocher à côté de lui, servait comme d'un baume à laver sa plaie, ainsi que nous le verrons plus loin.

Ceci n'est pas fantaisiste. C'est un fait d'une tradition constante et universelle, confirmée par tous ses légendaires. D'ailleurs saint Roch ne fut-il pas le saint aimé du ciel, avant d'être le saint aimé de la terre.

CHAPITRE VII

GUÉRISON MIRACULEUSE DE SAINT ROCH
ET CONVERSION DE GOTHARD PALESTRINELLI

Une splendide maison de campagne avec des terres immenses et fertiles appartenait au patricien Gothard Palestrinelli, qui s'y était rendu fuyant la peste, et était située sur la hauteur non loin de la forêt qui servait de retraite à saint Roch. Comme tous les seigneurs de ce temps de féodalité, il aimait la chasse et s'y adonnait. Une meute de chiens lui était donc nécessaire; mais, entre tous, un seul avait ses préférences, à cause de son instinct délicat et de son intelligence supérieure. Ce fut lui qui, fouillant un jour la profondeur du bois, découvrit saint Roch, couché dans le feuillage, sous une roche formant voûte. Saint Roch tourna vers lui son visage pâle, le fixa d'un œil ami, l'appela d'une voix caressante; le chien obéit, et le saint posa sur la tête de l'animal sa main bénie.

Soit par un instinct naturel, soit par une direction supérieure de la Providence, qui mène et gouverne en ce monde les grandes comme les petites choses, l'animal comprit tout, et devint à tout jamais le fidèle compagnon de sa vie.

Par une finesse de sentiment qui n'appartient qu'à son espèce, chaque jour il apportait à sa gueule, à son nouvel ami, un morceau de pain suffisant à le sustenter.

Son maître, s'apercevant que chaque jour il manquait du pain à sa table, se mit à soigner. Il vit en effet son plus hardi et plus intelligent chien, saisissant le moment favorable, dérober le pain de dessus la table et disparaître à l'instant.

Il éprouva la curiosité de le suivre pour

connaître ce mystère si nouveau pour lui. Il se mit aussitôt à sa suite sur sa trace et, caché derrière un rideau de feuillage, il vit la scène la plus émouvante de sa vie, qui pénétra dans sa poitrine et toucha fortement son cœur; la douceur ravissante du pauvre du bon Dieu et la joie du chien, qui, comme celui de Tobie, lui prodiguait ses caresses, soit par la manière de se tenir devant lui, soit par les mouvements de sa queue.

Sa curiosité augmente : naturellement bon et sensible, le noble patricien veut connaître ce mystérieux inconnu et lui témoigner sa sympathie ; il s'avance vers ce groupe intéressant, lorsqu'il est arrêté par le regard, la main et une voix qui lui crie : N'avancez pas; vous êtes en présence d'un pestiféré. A ce terrible mot de peste, la frayeur le saisit, il retourne précipitamment chez lui, suivi de son chien. En ces temps reculés, la peur inspirait l'égoïsme quand il n'inspirait pas la crainte.

Toute la nuit cette vision l'empêcha de dormir ; la grâce de Dieu le remuait ; elle accomplissait en lui son œuvre de régénération. Ce qu'il avait vu et entendu revenait sans cesse à sa pensée et provoquait dans son âme de graves et sérieuses réflexions.

Aussi, dès le lendemain matin, se trouvait-il aux pieds du jeune malade, lui disant : « Ne me repoussez pas, je veux exercer la charité envers vous mieux encore que mon chien, et je ne vous quitte pas que je n'aie secouru votre malheur. D'abord, votre nom et votre pays ? » Point de réponse. « Je vais vous faire transporter dans un lieu plus commode, où les secours ne vous manqueront pas.

« — Je ne vous demande qu'une chose : mon réduit n'est pas abrité ; faites-moi élever une hutte plus commode avec des branchages contre les intempéries de l'air, pour un temps assez court, parce que je dois guérir bientôt, je vous en donne l'assurance positive ; fiez-vous à ma parole, et vous vous en réjouirez avec moi. »

Gothard resta étonné et convaincu ; la cabane fut bientôt construite par ses soins, et il y venait souvent entendre les conférences onctueuses et lumineuses de son protégé sur le détachement, le renoncement, le dévoûment, Dieu, seule richesse de ce monde et de l'autre. La grâce divine le remuait et finissait par achever en lui son œuvre.

Gothard Palestrinelli finit par découvrir que celui que Plaisance et toute l'Italie nommait son sauveur n'était autre que celui qu'il avait l'honneur d'abriter, d'écouter, et qui était devenu son meilleur ami.

Dieu le disposait donc, avec douceur et force, à imiter son égal en richesses et en renoncement évangélique.

Sa résolution étant prise, ses dispositions faites, le puissant seigneur abandonne son château, se dérobe à ses amis, à l'élégante société de Plaisance, aux douceurs de la vie patricienne et, pauvre désormais, il vient humblement se mettre aux pieds du pauvre de Jésus-Christ, pour écouter ses enseignements et mettre en pratique ses leçons. Voilà l'école sublime où il apprit les secrets divins de la vie religieuse, et ce fut son noviciat dans la voie de la perfection, de l'étude et de la pratique des vertus évangéliques.

Un jour, notre saint lui dit d'un ton inspiré : Mon ami, faites comme moi, et vous serez parfait, et vous aurez un trésor dans le ciel. Il obéit et alla vendre ses propriétés à ses amis de Plaisance qui s'étaient réfugiés chez lui, fonda des œuvres pies et fit l'aumône du reste aux indigents ; puis il revint auprès de son maître en religion.

Comme il restait encore à accomplir un autre acte de perfection plus sublime, Dieu permit que le pain vint à manquer à la pauvre chaumière ; le chien ne l'apportait plus, la dure nécessité se faisait sentir, et Gothard, encore novice dans les voies de Dieu, s'attristait ; le murmure montait déjà à ses lèvres, lorsque saint Roch lui montra le divin maître obligé de faire des miracles pour se nourrir lui et les siens, les apôtres vivant de l'hospitalité ou de l'aumône des fidèles, les saints pénitents réduits à une extrême misère et mangeant les herbes crues du désert. Ces paroles le confortèrent et le déterminèrent à marcher sur leurs traces et à manger désormais le pain de la charité.

Gothard comprit, sa vertu naissante ne faillit pas devant cette nouvelle épreuve, elle en triompha. L'homme charnel allait disparaître pour ne laisser subsister en lui que l'homme surnaturel.

Dès le lendemain matin, prenant une besace, il dirigea ses pas vers la cité où il était le plus connu, faisant ainsi le sacrifice le plus pénible à la nature.

Lorsque Plaisance vit ce nouveau pèlerin ainsi descendu des hauteurs de sa fortune et de sa dignité, elle le prit pour un insensé et le rebuta. Entré chez un de ses riches amis, il fut traité de même et chassé de sa maison. Outrager le pauvre véritable et volontaire est un crime que Dieu ne laisse pas impuni. Le soir venu, il entre avec deux pains seulement que quelques âmes compatissantes lui avaient donnés d'une main tremblante.

Après le frugal repas, il raconta au saint les moqueries et les mépris dont il avait été l'objet de la part du gentilhomme et de la population. Saint Roch répondit froidement : « Il est saisi par la peste à l'heure où je vous parle ; demain il aura cessé de vivre. La peste va reprendre avec recrudescence et décimera ce peuple de nouveau désolé. » L'événement n'a que trop justifié ces deux prédictions.

Saint Roch, se ressouvenant des paroles de Jésus-Christ en croix : « Seigneur, pardonnez leur, car ils ne savent ce qu'ils font », résolut d'aller une seconde fois les guérir et quoique sa plaie ne fût pas encore cicatrisée, il prend dès le lendemain son bâton et se traîne péniblement vers la ville. Il entre, se rend d'abord à l'hôpital, selon sa coutume, console les nombreux malades, les marques du signe de la croix et les guérit tous. De là, sa marche dans les rues et les places de la cité ne fut qu'une longue suite de guérisons miraculeuses.

La nuit venue, reprenant le chemin de la solitude par des sentiers escarpés, rudes, difficiles, il éprouve une grande fatigue, s'assied sur la pierre, et, pendant qu'il essuie son front couvert de poussière et de sueur, Dieu rassemble autour de lui les bêtes fauves de la forêt saisies elles-mêmes de la peste. Saint Roch le reconnut à leurs yeux ternes, leurs membres tremblants, leurs queues basses et au semblant de respect devant lui : il en eut pitié.

Lecteur, ne t'en scandalise pas, est-ce que saint François d'Assise, dans le siècle précédent, ne leur a pas donné des marques de sa protection? ne les appelait-il pas ses frères et les tourterelles ses sœurs? est-ce que saint Vincent de Paul, conduisant l'hiver des sacs de grains au moulin, n'en répandait pas sur sa route aux oiseaux voltigeant par troupes autour de lui, disant que tout ce qui appartient à la création a droit à la protection de l'homme qui, par son péché, a apporté le désordre dans le monde ?

Saint Roch posa donc sa main sur ces bêtes fauves, et, ô merveille de bonté divine ! toutes furent guéries par la vertu de ce contact et s'enfuirent aussitôt après dans leurs tanières.

Pour lui, continuant sa marche pénible, il s'approchait de la cabane où l'attendait Gothard, lorsque des voix célestes se firent entendre au milieu du silence de la nuit. Il prête l'oreille et distingue ces paroles : « Que celui qui a guéri tant de peuples et tant d'animaux malades de la peste par la vertu d'en-haut soit aussi délivré de la peste. Roch, ta prière est exaucée, ton mal fini, la santé t'est rendu. »

Guéri instantanément, saint Roch entre dans son misérable réduit et donne à Gothard le baiser fraternel. Mais quel ne fut pas son étonnement de s'entendre appeler par son nom ? Gothard avait aussi entendu la proclamation des anges. Saint Roch, voulant encore garder sa vie cachée en Dieu, lui recommanda très-instamment de ne rien révéler à personne.

Le peuple soucieux du miraculeux pèlerin finit par découvrir sa retraite et accourait en foule au désert pour le voir, l'entendre et le bénir encore. Mais lui comprit par là que son ministère en Italie était terminé et qu'il fallait retourner dans sa patrie qui devait l'avoir oublié et où il trouverait mieux à cacher sa vie d'abnégation.

Avant de partir, il recommanda à son disciple bien-aimé la fuite du monde, la vie cachée, contemplative, il lui proposa l'exemple de saint Jérôme, de saint Antoine, de saint Paul, ermite, qui avaient quitté les délices du monde pour la solitude où ils avaient trouvé toutes les joies pures de l'esprit qui ne converse plus qu'avec les cieux. Souvenez-vous enfin que la perfection évangélique n'a pas de limite fixe ; plus on avance dans la voie de la croix, plus ses horizons s'étendent et s'élargissent. Le Seigneur l'a dit dans l'Ecclésiaste : ceux qui auront faim de moi auront encore faim, et ceux qui boiront à la source de la vie auront encore soif.

Mon frère, vivez de cette vie, connu de lui seul, il aura soin de vous, il vous donnera le centuple en cette vie et la vie éternelle en l'autre.

Notre séparation vous attriste : regardez sans

cesse le ciel, c'est là, seulement, qu'il n'y aura jamais plus de douloureuse séparation.

Après ces touchantes exhortations, tous les deux très-émus tombèrent à genoux, prièrent un instant, se relevèrent pour se donner le baiser d'adieu, et l'un, prenant son bâton, partit pour la France et l'autre resta pour le pleurer et se perfectionner par l'épreuve.

CHAPITRE VIII

VIE DE GOTHARD.

Après avoir accompagné saint Roch jusqu'à la lisière du bois, Gothard, rentra seul dans sa hutte, plein de tristesse au souvenir de son bienfaiteur ; mais la résignation chrétienne envahit bientôt son âme, qui, pour se consoler, se soutenir, persévérer dans la pratique de l'austère vertu, lui rappela saint Luc peignant les traits de l'auguste Mère de Dieu, et son talent propre pour la peinture, ce qui lui inspira l'heureuse idée de peindre aussi l'image fidèle de son maître spirituel sur le mur intérieur du sanctuaire de Notre-Dame de Bethléem où les artistes l'ont longtemps admirée, et où saint Roch avait prié avant d'entrer à Plaisance.

Quelque temps après, Gothard avait disparu du pays. L'historien de l'église de Plaisance croit qu'il dirigea ses pas vers les Alpes couvertes de glaces et de neiges éternelles, au sein desquelles s'élève le mont Saint-Gothard, plateau immense contenant trente lacs et huit glaciers, vaste réservoir donnant naissance à la Rauss, au Tessin et à deux grands fleuves de l'Europe occidentale, le Rhin et le Rhône. En été, la nature se pare d'un manteau de verdure émaillé de fleurs sur lequel des eaux limpides se jouent sur le gazon toujours vert.

C'est sans contredit dans l'une des riantes et sauvages vallées des Alpes que Gothard dut fixer sa retraite et passer les dernières années de sa vie d'ermite employée à l'exercice de toutes les vertus et de tous les conseils évangéliques.

Le nom de Gothard, que porte ce géant des Alpes, ne peut lui avoir été imposé par les premiers occupants du pays que pour rappeler à perpétuité la mémoire d'un bienfaiteur, d'un saint, qui a répandu la vie et la sécurité dans ce passage de France en Italie.

Le pauvre volontaire de Jésus-Christ, qui était descendu de son opulence pour se revêtir de sa pauvreté et n'avait d'autres biens que sa croix et l'espérance, ne pouvait trouver que sur ces hauteurs voisines du ciel une solitude aussi profonde que ses méditations et aussi éloignée des bruits du monde et des agitations des enfants des hommes.

A des jours fixes, il en descendait pour mendier son pain dans les villages et auprès des chalets parsemés sur les flancs de la gigantesque montagne ; puis, après avoir béni la main charitable et le cœur bienfaisant, il gravissait de nouveau ces hauteurs pour reprendre sa vie de contemplation et de prière, dont la bénigne influence retombait en rosée de bénédictions sur ce peuple bon et presque aussi pauvre que bon.

Après bien des années, les bons villageois ne le voyant plus paraître à leurs portes se dirent qu'il était mort : c'était la vérité. Peu de temps s'écoula que le nom, la naissance, les titres du pauvre ermite furent connus dans ce pays. Dieu se plait ordinairement à leur insu à faire sortir ses saints de leur obscurité et à les glorifier sur la terre en même temps qu'ils le glorifient dans le ciel.

Les habitants de cette contrée ayant donc appris l'ancienne opulence de ce noble patricien devenu pauvre volontaire, ajoutèrent à sa vénération pour sa personne le culte de l'admiration pour ses mérites, le regardèrent comme un homme de Dieu, l'invoquèrent comme un saint et donnèrent son nom à leurs montagnes sanctifiées par sa vie très-pénitente.

Ceci n'est pas d'une valeur historique absolue, elle nous fait défaut, mais elle a toutes les apparences de la vraisemblance. Ce qui est certain, hors de doute, c'est que la renommée antique et constante lui a toujours donné ce titre. En effet, dans le sanctuaire de Sainte-Marie de Bethléem, au-dessus du portrait de saint Roch, peint par lui, se voit l'image de

Gothard, lui-même, avec l'auréole des bienheureux et au-dessus une vieille inscription qui l'appelle disciple de saint Roch, auteur de son portrait et partageant son pouvoir contre la peste.

Au-dessus de la porte de l'hôpital de Plaisance, saint Gothard est représenté en habit de pèlerin conduit par un ange avec cette inscription latine : *Gothardus peregrinari cœpit*.

Philippe Ferrari, général des Servites et auteur du catalogue des saints d'Italie, lui donne le titre de saint avec ses nom et prénom et les armoiries de sa famille.

L'image de saint Gothard se trouve dans presque toutes les églises du diocèse de Plaisance; or les évêques diocésains ne l'auraient certainement pas permis, si sa sainteté n'avait pas été déjà un fait établi.

Enfin l'abbé André, qui a écrit la vie de saint Roch, en 1854, assure que le nom de saint Gothard se trouve inscrit dans le martyrologe au 25 février.

Donc, d'après ces témoignages respectables,

et bien d'autres qu'il serait trop long de rapporter ici, nous devons croire à la sainteté de l'ermite Gothard.

Revenons maintenant à notre héros que nous avons laissé sur la route qui le ramène en France.

CHAPITRE IX

RETOUR DE SAINT ROCH A MONTPELLIER

Après avoir franchi de nouveau les Alpes, traversé le Piémont, saint Roch se trouvait quelques journées plus tard devant Montpellier. Mais dans quel état le trouvait-il? en ce temps de féodalité, la discorde avait passé par là. Les rois de Majorque et ceux de France, possédant chacun une partie de la ville, se disputaient le pouvoir central. C'était un triste héritage que Jacques Ier, roi d'Aragon, avait laissé à sa postérité, en partageant ses états entre la branche aînée et la branche cadette (1276). En 1293, cette seigneurie finit par passer aux rois de France.

C'est donc dans cet état de défiance et de précautions minutieuses de la part des habitants et de l'autorité envers les étrangers que saint Roch opérait son retour dans sa ville natale. Aussi fut-il arrêté non aux portes mais au centre de la ville, car il avait pu les franchir, pénétrer dans la place et s'asseoir harassé de fatigue sur un banc de pierre, non loin de la maison paternelle. Les passants le regardent avec curiosité; personne ne le reconnaît. Sa figure pâle, son corps décharné, son teint hâlé, ses travaux continuels, ses longues marches le rendent méconnaissable.

Des archers de la cour de Bayle, c'est-à-dire des agents de police attirés par la foule qui l'assiége, viennent lui demander son pays, son nom. Ils ne reçoivent pour réponse que ces deux mots : « Je suis un pauvre pèlerin. » Alors l'idée que c'était un espion fut émise, et circula bientôt de bouche en bouche. Les gardes urbains arrêtent saint Roch, lui mettent les menottes aux poings et le trainent devant le gouverneur, sous l'inculpation de vagabondage et d'espionnage; et ce gouverneur n'était autre que son oncle lui-même, qui, après l'avoir bien examiné sans le reconnaître, l'interroge sur son nom, le pays d'où il vient et le motif qui l'amène dans cette ville. Le saint aurait pu répondre : mon oncle, mon nom, mon pays c'est le vôtre ; puis découvrant sa poitrine, lui montrer la croix pourprée qui l'a distingué dès sa naissance, et prononcer ce simple mot : ne reconnaissez-vous donc pas en moi votre neveu qui a tout abdiqué entre vos mains ? et aux assistants : ne suis-je plus votre concitoyen, votre frère ? ces mots n'auraient-ils pas excité le respect, l'admiration, l'acquittement et renouvelé la scène touchante qui se passa en Egypte entre les fils de Jacob et Joseph leur frère ?

Mais non ; l'esprit des saints, c'est l'esprit de Dieu contraire à l'esprit du monde ; c'est de se perdre dans ce monde pour se retrouver en l'autre. Jésus au prétoire de Pilate dicta à saint Roch sa réponse, et lui ne faillit pas à sa haute vertu. Il répondit : « Je suis le pauvre de Jésus-Christ qui a faim et soif de son règne dans les âmes, et voilà pourquoi je porte partout ma croix à sa suite. »

Le juge et l'assistance ne comprirent rien. Plusieurs autres questions lui furent posées : il n'y répondit, comme son divin maître, que par un silence absolu. Alors le juge croyant à une feinte et à une bonhomie simulée qui cachait un espionnage, le condamna à la prison où il fut oublié pendant trois ans. Avec quelle douceur il se résigne au dépouillement, à l'abandon de toute personne autour de lui, au renoncement à sa liberté, à la privation de la douce lumière des cieux, pour consommer le long et douloureux martyre de la prison, lui, l'ami de l'humanité souffrante ! Il ne vit donc, durant ces longues et dernières années de sa vie, nul autre que le geôlier, qui, chaque jour, lui apportait le morceau de pain et la cruche d'eau nécessaires à sa subsistance, et personne autre ne s'intéressa à son sort. Cependant ce délaissement ne fut pas inutile pour la ville et le monde. L'image auguste de Jésus-Christ le porta à s'appliquer à retracer dans la situation où il se trouvait tous les traits divins. Il demanda donc chaque jour au ciel, par d'ardentes supplications, le salut de l'humanité, et, comme son divin modèle, il a été exaucé : *Exauditus est pro suâ reverentiâ*.

CHAPITRE X

MORT DE SAINT ROCH

Enfin notre saint voyant approcher l'heure de sa délivrance, et voulant se régénérer encore dans la fontaine des sacrements dont les eaux de grâce jaillissent jusqu'à la vie éternelle et emporter le viatique qui en ouvre la porte au voyageur chrétien, dit au geôlier qui lui apportait son pain noir : Je vous prie de me faire venir un prêtre. Celui-ci en parle à son chef de service, et bientôt un prêtre fut auprès de l'illustre prisonnier de Jésus-Christ. Heureux prêtre d'avoir été le témoin de la mort d'un juste !

Le prêtre reçoit sa confession après laquelle

son cachot lui parut illuminé ; son corps, spiritualisé par d'incessantes contemplations, resplendissait d'une clarté plus lumineuse encore, tandis que de sa bouche sortaient des paroles solennelles, telles que jamais il n'en avait entendu de pareilles. Ebloui, subjugué par tout ce qu'il voyait et entendait, il s'inclina de respect d'abord, de vénération ensuite.

Sorti du cachot, où gisait le juste sur son grabat, il y rentra bientôt portant dans ses mains l'auguste sacrement qui donne le pardon, le salut, la vie, le ciel. Jamais dans sa vie pareil spectacle si plein d'admiration ne s'offrira à ses regards. Alors le sentiment profond de la reconnaissance, de l'amour, de l'adoration, se peignirent tour à tour sur le front du saint prisonnier, et donnèrent à ses traits l'expression de l'extase qu'il garda jusqu'au dernier soupir.

Au sortir de la cérémonie, le prêtre se rendait chez le gouverneur et les autres magistrats de la cité, racontant partout les scènes merveilleuses dont il venait d'être l'heureux témoin.

Le geôlier, de son côté, voyait des clartés s'échapper à travers les vides de la porte et entendait des voix douces s'entretenir avec le prisonnier. Dans son étonnement il appelait ses compagnons pour en être les témoins.

Mais quelles étaient ces voix ? celles de son ange gardien et des anges du ciel qui venaient lui annoncer l'heure de sa délivrance et lui apporter l'avant-goût des félicités de la patrie. Ils ajoutèrent : Adressez au Seigneur une dernière prière : votre obéissance et votre persévérance la feront sûrement exaucer.

Aussitôt se recueillant, joignant les mains, les yeux en haut, il dit : « Seigneur, mon Dieu, vous avez permis que la peste ravageât votre peuple, et que j'en fusse atteint ; vous avez permis que je la guérisse en votre nom et par la vertu de votre sainte croix ; Dieu clément, permettez aussi, je vous en supplie, que ceux qui vous invoqueront en ces jours d'épreuve, en se souvenant de mon nom, et de ce que j'ai fait pour le salut de mes frères, permettez qu'ils soient exaucés de vous. Seigneur Dieu, daignez les délivrer de la contagion et de la mort. »

Après ces paroles, il inclina la tête et expira doucement dans la paix du Seigneur, le 16 août 1327, âgé de 32 ans. Les justes de la terre ont vu cette âme radieuse monter aussitôt au ciel escortée par les anges.

Cependant la nouvelle de ces merveilles répandue par le prêtre et le geôlier faisait déjà grand bruit dans la ville. Le gouverneur, des magistrats, de grands personnages, voulant s'assurer de la vérité du fait, se rendirent à la prison. Le geôlier leur ouvre le cachot; ils pénètrent stupéfaits jusque vers le corps qui, étendu sur son grabat, et presque privé de vie, rayonnait d'une lumière qui inondait le cachot de sa clarté. Le gouverneur aperçoit au côté gauche du corps une tablette gravée en caractères d'or; il la prend, lit cette écriture mystérieuse. O étonnement ! c'était la promesse divine obtenue par la dernière prière du saint mourant, portant : « Ceux qui, frappés de la peste, invoqueront désormais le nom de saint

Roch, seront délivrés de ce mal destructeur. »

Le nom de Roch étonna grandement le gouverneur ; mais il n'y comprit rien, ne se rappela de rien. Sur ce, il courut tout raconter à sa mère, qui, plus illuminée, lui dit : Mon fils, ce juste pourrait bien être notre pieux neveu. Retournez au cachot, et voyez s'il a sur la poitrine l'empreinte de la croix couleur de pourpre avec laquelle il vint au monde. S'il est marqué de ce signe sacré, soyez sûr que c'est notre propre parent, qui partit, il y a douze ans, sous ce même habit de pèlerin.

Le gouverneur retourna de suite à la prison, découvrit la poitrine du saint, et ses yeux étonnés voient, en effet, ce signe lumineux que sa pieuse mère venait de lui dévoiler.

Plus de doute ; son esprit fut convaincu, sa conscience bourrelée, il se reprocha la sentence injuste portée contre ce cher neveu ; ses genoux fléchirent, ses yeux versèrent des larmes de regret et d'espérance devant ce corps macéré où coulait naguère le sang des Roch, et il ne se releva, après l'avoir baisé avec respect, que pour en aller faire l'aveu à sa mère, ainsi que le récit de ses investigations.

Après l'avoir entendu, sa mère octogénaire se faisait raconter sa vie dans ce noir cachot, sa longue agonie, sa mort prématurée, conséquence malheureuse, à jamais déplorable, d'une erreur à laquelle son fils avait participé. Ces réflexions l'accablèrent tellement qu'elle mourut quelques jours après sous le poids de ces cruelles émotions. Son fils alors prit ses dispositions, et fit placer le corps de son saint neveu dans un lieu plus convenable.

Toutes ces circonstances furent d'abord connues de la noblesse, qui vint à son tour rendre ses honneurs et son culte au gentilhomme mort saintement. Le peuple ensuite accourut de tous les quartiers, averti par la renommée de la mort extraordinaire du pèlerin soupçonné d'espionnage. Tous voulaient le voir, le toucher, baiser en versant des larmes la croix rouge imprimée sur sa poitrine, et se retirèrent avec les marques de la componction et de la vénération la plus expressive. On priait saint Roch, on l'invoquait comme un bienheureux; ce fut la première heure de la glorification de notre saint.

La cité entière accompagna ses dépouilles mortelles, qui furent provisoirement déposées dans un pieux monument, en attendant que sa famille et ses concitoyens lui élevassent, comme ils se le proposaient, un superbe sanctuaire.

CHAPITRE XI

LE CULTE DE SAINT ROCH.

Le culte de saint Roch, disent le sévère critique Baillet et le savant professeur Germain, date de la mort et de la sépulture du bienheureux.

Or, les traditions conservées à Montpellier attestent que ce culte de la vénération populaire ne s'attacha pas seulement à son corps, mais aussi à sa maison, à son bâton, au banc de pierre où il s'assit, lorsqu'il fut arrêté et fait prisonnier, et à son cachot témoin de ses austères vertus.

De sa maison gothique, il ne reste aucun vestige ; seulement la tradition, constante jusqu'à nos jours, fixe son emplacement à l'angle des rues et constructions modernes du cardinal et du trésorier. De plus, une pièce justificative, qui se trouve entre les mains de M. Récluz, dit que les religieux Trinitaires possèdent une partie de ses reliques, et une confrérie de saint Roch allait processionnellement chaque année, le 15 août, devant cette maison, et là, devant cette relique, chantait : *Ave Roche sanctissime*.

Du puits de sa maison, rien n'est changé. On voit encore la foule, le jour de sa fête, y accourir puiser de son eau, qu'elle regarde comme un préservatif contre le fléau. Un ancien acte, égaré aujourd'hui, passé entre la commune et le propriétaire de la maison de saint Roch, portait que ce dernier et ses successeurs à perpétuité seraient tenus de laisser le passage libre aux habitants qui, pendant la journée du 16 août, viendraient puiser de cette eau bienfaisante.

Le banc de pierre, dit M. Germain, placé à l'angle de vieille et nouvelle rue de l'Aiguillerie, a subsisté jusqu'à ces derniers temps, et les personnes qui l'ont vu se rappellent que les enfants, par respect, s'abstenaient de jouer dessus, quoiqu'ils aimassent beaucoup à s'y asseoir. Une image du saint était incrustée dans le mur de la maison à laquelle il était adossé. Un jour cette image en pierre se détacha au moment d'une dispute, et sa chute ne blessa personne, ce qui fut regardé comme une protection du saint. On la rétablit, et chaque année le clergé de la paroisse y venait faire une station.

Le bâton légendaire se conservait à la chapelle des trinitaires, dans une armoire creusée dans le mur. Une fois l'année, on le découvrait au respect des fidèles ; il était gros comme le bras, et avait un petit cercle à chaque extrémité et un petit chérubin en haut, en relief ; on n'a jamais pu connaître de quel bois il a été fait ; mais on est sûr qu'il a été taillé par saint Roch lui-même, et donné à ce monastère par une dame de Saragosse qui prétendait être alliée à la famille des Roch. En 93, il fut brûlé par les républicains comme un objet de superstition, superstitieux eux-mêmes autant et plus que Voltaire.

De son corps précieux rien n'y a manqué que ce qu'il a fallu en retrancher pour la distribution de ses reliques.

Ainsi la voix des peuples avait proclamé sa sainteté et son culte, avant même que l'Eglise ne vînt la consacrer, en 1414, c'est-à-dire quatre-vingt-sept ans après sa mort.

A cette même date, un concile général s'assemblait à Constance pour éteindre le schisme d'Occident. Les historiens de ce temps-là nous apprennent que près de deux cent mille personnes de tout rang et de toute dignité, le peuple compris, s'y trouvèrent réunies; et comme les conditions d'hygiène publique faisaient encore défaut, la peste ne tarda pas à se déclarer. Elle jeta l'épouvante et la désolation parmi cette multitude, si souvent éprouvée par ce même fléau, en ce temps du moyen-âge. Un cri soudain s'échappa alors de toutes les bouches : on prononça le nom de saint Roch, guérisseur des peuples, et d'une voix unanime on demanda au concile des prières publiques, qui furent ordonnées en son honneur. Son image fut aussitôt improvisée et portée en procession par les rues de la ville. Cette solennelle invocation avouée par l'Eglise fut le premier culte public rendu à notre saint. Le fléau disparut presque subitement; la ville et l'assemblée étaient sauvées.

De ce fait historique et incontesté jaillissent des clartés qui dissipent tout doute et défient toute critique sérieuse. Le cardinal Baronius regarde ce fait éclatant comme miraculeux. Jean-Philippe de Pergame dit que c'est pour cela qu'on a élevé des églises, des chapelles, non-seulement dans les villes, mais encore dans les bourgs et les villages et presque jusque dans les maisons particulières. Les écrivains plus modernes s'appuient sur tous ces mêmes témoignages, auxquels l'apothéose de saint Roch au concile de Constance, les martyrologes et les livres de liturgie viennent mettre le sceau.

Dès l'année suivante, 1415, une société pour

soigner les malades se forma à Venise, sous son patronage ; bientôt tous les pays eurent son image, sa statue, son autel privilégié. La cause de cette extension rapide de son culte public, il la faut chercher dans l'invocation que lui adressèrent tous les Pères du concile de Constance, dans le miracle qui la suivit, et aussi, il faut bien l'avouer, dans la cessation entière de la peste dans toute l'Italie. Si son culte fut si florissant au xive et xve siècles, ce n'est pas à la peur et à la peste noire qui décima, au rapport des historiens, les deux tiers du genre humain, qu'il faut l'attribuer, puisqu'on ne recourut pas à son intercession et qu'on ne fit aucune démonstration en son honneur et que même sa ville natale ne recourut qu'à saint Sébastien, protecteur des peuples dévorés par ce fléau. Donc le culte de saint Roch n'a pas pris naissance dans la peur de ce fléau destructeur, mais bien dans la haute sanction que les Pères de Constance lui donnèrent. C'est la seule explication logique du prodigieux développement de son culte au xive et xve siècles.

Le silence des actes du concile sur ce point n'infirme en rien notre assertion, car le concile n'était pas tenu de faire l'histoire des événements qui se passèrent pendant sa tenue et celui de Constance ne pouvait porter un décret de canonisation, les informations n'étant pas encore faites à Rome, il l'a seulement hâté.

Alexandre VI a autorisé la confrérie de saint Roch, établie à Rome, et la construction d'une église sous son vocable. Pie IV et Léon IX ont renouvelé ces priviléges.

Ainsi, le culte officiel de saint Roch était établi généralement dans les xiv° et xv° siècles. Mais ce qui est plus digne d'attention, c'est le grand pape Urbain VIII qui a porté le décret de canonisation et a déclaré saint Roch digne des honneurs et des prières de la catholicité. Voilà comment la voix du peuple, la voix de l'Église et la voix du ciel ont établi le culte universel rendu à saint Roch.

CHAPITRE XII.

MIRACLES DE SAINT ROCH.

Le don des miracles a toujours existé dans l'Eglise d'après cette promesse du consommateur de notre foi : « Celui qui croit en moi fera les œuvres que je fais et en fera même de plus grandes ». Celui que reçut saint Roch a été contre la peste et ce pouvoir a été prouvé par l'invocation, les démonstrations de la piété populaire et par les heureux effets qui les accompagnèrent.

Ces effets qui étonnent le monde, même le monde des savants, ne s'opèrent que pour deux fins : soulager l'humanité et prouver la divinité de la religion.

L'histoire de l'Eglise est pleine de ces faits. Les pères les plus célèbres, les docteurs les plus illustres les racontent et la plupart d'entre eux, comme en ayant été les témoins oculaires, non dans les ténèbres mais devant le peuple, ou devant des philosophes et en plein jour. Et remarquez, ce ne sont pas des faits isolés : chaque siècle, chaque pays a eu ses saints et ses miracles.

Parmi ces saints et ces miracles, nous remarquons spécialement saint Roch et les miracles qu'il a opérés.

Détruisons d'abord une objection. Les libres-penseurs, qui ne croient pas à l'intervention divine dans les choses de ce monde, qui ne veulent rien de merveilleux dans l'histoire sont des aveugles volontaires qui mangent le miracle du morceau de pain qui sustente leur existence matérielle sans pouvoir l'expliquer. Ils prétextent vainement que le surnaturel détruirait le naturel, comme s'ils pouvaient raccourcir le bras de Dieu, limiter sa puissance, enchaîner sa liberté, lui empêcher de faire un miracle sans suspendre les lois naturelles qu'il a posées dès le commencement. Ce sont des athées dont la faible raison est en révolte ouverte contre la raison créatrice.

Qu'on se rassure : nous n'admettons que les faits divins d'une notoriété irrécusable, qui ont une valeur tout autre que ceux d'une légende.

Ainsi, à la suite de l'apothéose de Constance, le fait divin de la cessation de la peste est attesté tout à la fois et par la voix infaillible de l'Eglise et par le témoignage du ciel.

Jean de Pins, ambassadeur de France à Venise, dans son livre publié, en 1520, dit que cette antique ville, souvent visitée par la peste, en a toujours été délivrée par sa confiance à saint Roch, dont elle possède une relique reçue par elle, l'an du Seigneur 1520, avec une grande démonstration de la cité des doges. Depuis cette date jusqu'en 1630, de nombreuses inscriptions et monuments attestent encore leur délivrance en même temps que leur reconnaissance.

A Rome, plusieurs inscriptions gravées sur

marbre rappellent les miracles de saint Roch, opérés de son vivant ou après sa mort, et en réclament la continuation.

Le pape Urbain VIII, durant la peste qui ravageait la Sicile en 1624, se rendit à l'église Saint-Roch, y célébra les saints mystères devant le bras de saint Roch, le 15e jour des kalendes de septembre, et par son autorité, le Sénat et le peuple vouèrent à cette église l'offrande annuelle, le jour de sa fête, d'un calice et de quatre cierges. Une inscription contient le décret que le Sénat rendit à cet effet (1). Voilà la plus grande autorité donnée à la véracité des miracles de saint Roch.

Mais voici un miracle plus manifeste encore. A trois lieues de Rome se trouve Frescati-Monte-Porcio, l'ancien Tusculum, métamorphosé en palais, en maisons de campagne avec

---

(1) Ce décret a été depuis renouvelé plusieurs fois et l'offrande se fait encore aujourd'hui tous les ans, et Rome est toujours délivrée miraculeusement de la peste.

le titre de ville et d'archevêché ; cette ville fut atteinte par la peste ainsi que tout le diocèse en 1656. Toute espérance de salut était déjà perdue, lorsqu'un secours aussi puissant qu'inespéré vint rendre la sérénité à cette petite ville.

Dans l'église de Notre-Dame du Vivier, ainsi nommée parce qu'elle fut bâtie dans l'endroit même où se trouvait le vivier de Tusculum, se trouvaient un dimanche matin, 18 juin, une dame et deux clercs en prières ; tout à coup ils entendirent un mouvement comme un craquement dans le mur de gauche. Ils regardent : c'était la couche du ciment ou mortier qui se détachait du mur par plaques ou morceaux et qui laissait paraître un bras peint à la fresque. Ils se précipitent tout effrayés hors de l'église et appellent les voisins qui accourent en foule à l'église, où toujours avec le même mouvement se détachent des plaques de ciment qui laissent apercevoir une belle peinture murale avec un bras d'homme tout entier. Le bruit de cette découverte miraculeuse fit bientôt venir dans l'église déjà pleine de témoins, le cardinal archevêque et les magistrats. Ils ordonnent de piquer le mur avec un marteau pointu pour achever le reste. Le mur résiste; la couche de ciment fortement liée ne peut se détacher et reste solidement collée au mur. On suspend donc l'opération. Bientôt après le mouvement du mur se prononce de lui-même de nouveau : la couche de ciment se gonfle d'elle-même, se détache peu à peu du mur, finit par tomber à terre et laisse à découvert aux yeux ébahis de la foule deux belles images : l'une de saint Roch avec son bâton de pèlerin à la main droite et montrant de la gauche la plaie de sa cuisse; l'autre de saint Sébastien, attaché à un arbre et percé de flèches.

Cette-apparition merveilleuse releva tous les courages, rendit toutes les espérances et fortifia tous les cœurs.

Très anciennement c'était une chapelle couverte de peintures. Depuis on l'a modernisée en l'agrandissant, et on en a fait une cathédrale.

Quoiqu'il en soit, à dater de ce jour, la peste cessa dans tout le diocèse.

Le peuple reconnaissant assemblé dans ses comices, le 26 novembre de la même année, résolut de faire une offrande à cette église tous les ans le 18 juin par les mains de son premier magistrat.

Tous ces faits sont consignés dans les registres de la municipalité, et quand le pape voulut en établir l'authenticité, la population tout entière vint déposer de la vérité du miracle. Depuis ce temps, le peuple continue à se porter vers ces saintes images pour prier et continue d'être délivré de la peste, et le soir du même jour leurs fenêtres sont illuminées de mille feux. Heureux les habitants de Trèves, s'ils continuent à remplir auprès de la même image le même devoir pour le bienfait qu'en ont reçu leurs pères !

En 1846, le temps et l'humidité corrompant les saintes images et le mur, le cardinal archevêque et citoyen de Frescati les fit relever proprement et habilement sur deux tables en bois et remettre à leur place. En 1857, un autre fléau, le choléra régnait à Rome, et il est de notoriété publique que cinq mille Romains, atteints de ce mal, vinrent se réfugier vers ces saintes images, et que tous échappèrent à la mort.

Mais ce n'est pas seulement en Italie que saint Roch montra son pouvoir ; il le manifesta encore dans tous les pays qui l'invoquèrent. Pour le prouver, il nous suffira d'en citer seulement quelques exemples pris au hasard.

Ainsi en Espagne, en 1519, apparut la peste ; on invoqua publiquement saint Roch, et la contagion disparut. En Portugal, la même année, en un lieu appelé la *ville de Condé*, le couvent des Clarisses était atteint par le fléau. Les religieuses prient avec ferveur devant une image de saint Roch et toutes sont guéries.

En 1490, Jean de Paris, biographe de saint Roch, rapporte que la contagion avait envahi le couvent des Carmes de Paris ; dix-huit religieux avaient déjà succombé sous sa maligne influence. Les membres restants firent de suite élever à saint Roch un autel dans leur chapelle, et placer dessus son image. Aussitôt ils furent tous guéris presque subitement. Ceci se passait de son temps, et l'on rapporte que cinq ans plus tard, en 1495, bien des personnes de Paris, atteintes de ce mal, trouvaient leur guérison près de cet autel et de cette image.

Ici on nous permettra de nous donner en exemple et ce ne sera de notre part qu'un faible tribut de reconnaissance.

En 1628, la peste envahit la France entière et faisait beaucoup de victimes dans toutes les montagnes du Lyonnais. L'église de Trèves, canton de Condrieu, possède encore une statue de cette époque, vouée et érigée par les habitants, comme un monument de leur piété, et en reconnaissance de ce que, par l'intercession de ce grand saint, ils avaient obtenu la cessation de la peste, qui décimait la majeure partie de la population de ces contrées montagneuses, à plusieurs reprises, notamment en 1588, durant la guerre des trois Henri, et en 1628, durant le siège de la Rochelle par Louis XIII. C'est à cette dernière époque que l'image de saint Roch fut érigée et resta exposée sur la table de communion pendant six mois, avec un grand concours des habitants des lieux voisins (1). Cette même peste a fait mourir à Lyon 25,000 habitants. Qu'on juge par là du nombre des victimes qu'elle fit partout.

A la révolution de 93, un habitant du village, François Bourdin, nous a dit l'avoir cachée dans les combles de l'Eglise. Nous l'avons découverte en 1832, détériorée, cachée dans un coin, fait restaurer et placer en 1836 dans une chapelle remise à neuf et qui porte actuellement son nom où les religieux habitants viennent prier et remercier le saint protecteur des peuples atteints de maladies pestilentielles.

Les grandes marques de protection de notre saint ont fait naître de nombreuses confréries en son honneur et bien des fêtes à sa gloire.

---

(1) Cochard, archiviste lyonnais.

C'est surtout de nos jours que la dévotion à saint Roch s'est renouvelée d'une manière plus générale et plus solennelle encore, et c'est le choléra qui en a été le motif. La science médicale s'est en vain appliquée à étudier ce mal mystérieux; ses efforts ont été impuissants à le guérir; alors la piété des peuples recourut au puissant médecin connu depuis plus de cinq cents ans par ses miracles de guérisons. Quelle est, en effet, la ville ou le village qui ne l'ait invoqué dans ces jours de douloureuse mémoire, et qui n'ait pas été secourue et sauvée ? Voilà de nos jours, la cause de l'accroissement de son culte et de démonstrations de toutes sortes.

De sorte qu'on pourrait dire avec un savant Bollandiste que saint Roch est lui-même un miracle continuel.

CHAPITRE XIII

LE CULTE DES RELIQUES.

Dans tous les temps, l'Eglise a rendu un culte de respect aux reliques des saints ; culte attesté par de nombreux miracles de guérisons.

Depuis les chrétiens de la primitive Eglise qui recueillirent précieusement les dépouilles mortelles des martyrs de la foi jusqu'aux solennités du saint sacrifice de la messe, célébrée encore aujourd'hui sur leurs tombeaux ou reliques et jusqu'aux fêtes que leur dédia le moyen-âge : le culte des saintes reliques occupe une page d'honneur dans l'histoire.

Le culte d'hyperdulie rendu aux reliques et aux images des saints est né de l'idée chrétienne qui regarde ces précieux restes comme des vases d'honneur où la grâce divine avait reposé pour opérer en eux des prodiges de vertu et de sainteté, et par conséquent depuis de leur offrir des fleurs, des vœux et de l'encens et d'être placés sur les autels à côté du corps sacré de la grande victime du Golgotha.

Ce qui prouve surtout la légitimité de ce culte, ce sont les miracles sans nombre qu'il a plu à Dieu d'opérer pour l'autoriser.

Ainsi depuis les temps apostoliques jusqu'à nos jours, les catéchèses des pères de l'Eglise, les pratiques et les prières de la liturgie, les monuments de l'histoire ne laissent subsister à cet égard aucun doute et nous justifient de l'injuste accusation d'idolâtrie.

DES RELIQUES DE SAINT ROCH.

Parmi ces reliques, celles de saint Roch brillent avec distinction. Pendant tout le xve siècle et avant même le concile de Constance, la précieuse relique du corps de saint Roch a été l'objet d'une religieuse vénération dans sa ville natale. Ce fait est constaté par tous les hagiographes du moyen-âge. Un événement arrivé en ce temps-là le prouve aussi.

Jean le Mingre, maréchal de Bancicaut, envoyé par le roi de France pour pacifier le schisme qui divisait le midi, après avoir dispersé les troupes qui formaient la garde de l'antipape Benoit XIII leur compatriote et rendu la paix à tout le Languedoc, exigea de la ville de Montpellier pour prix de ses services, une grande parcelle du corps de saint Roch qu'il offrit ensuite en présent aux Trinitaires d'Arles qui allaient racheter les captifs en Orient (1399). Dès lors, dans les différentes contrées de l'Europe on regarda ses reliques comme un palladium contre le mal pestilentiel.

L'histoire de la commune de Montpellier par le savant professeur Germain, rapporte qu'une ville, la reine de l'Adriatique, Venise, fit tous ses efforts auprès des deux pouvoirs civil et religieux de Montpellier, afin d'obtenir une relique de saint Roch, sans pouvoir y arriver, et que, devant ce refus absolu, des marchands vénitiens, soudoyés par les doges, usant de ruse et d'audace, enlevèrent le précieux dépôt.

Ce qui est plus certain, d'après d'autres historiens, ce seraient deux moines de saint Benoit qui, sous prétexte de dévotion, vinrent solliciter la permission de prier la nuit sur son tombeau pour obtenir de son puissant crédit auprès de Dieu la cessation de la peste, qui, depuis huit mois, avait déjà fait à Venise trente mille victimes (1483). Q'arriva-t-il ? C'est que plein de confiance, on les laissa seuls prier pendant la solitude de la nuit. Ils en profitèrent et parvinrent à ouvrir la châsse et à cacher dans leurs sacs de toile ses ossements précieux.

Ces heureux ravisseurs s'embarquèrent ensuite à la hâte, les emportèrent à travers les flots jusqu'aux extrémités de l'Adriatique. A leur arrivée, le Sénat et le peuple, comme un seul homme, se rendirent au rivage pour les recevoir dignement. Aussitôt après la cérémonie, il fut résolu d'un commun accord de leur bâtir un sanctuaire qu'ils ornèrent plus tard avec une grande magnificence. La translation des reliques eut lieu l'année suivante (1485) au mois de mars.

Montpellier resta longtemps veuf de ce précieux trésor. Cependant, les Trinitaires de cette cité possédaient une petite parcelle de l'os d'une côte et son bâton qu'ils exposaient tous les ans le jour de sa fête à l'angle de leur église, à l'endroit où sont établis aujourd'hui les fonts baptismaux.

A la grande Révolution, de pieuses mains ont soustrait ce reliquaire à la profanation des voraces de 93, et l'ont rendu à qui de droit en 1800 avec toutes les marques de l'authenticité voulue.

A cette même époque, à Arles, la châsse et la statue de saint Roch, en argent, haute d'un mètre, subit le sort de celle de Montpellier; mais les religieux Trinitaires sauvèrent la relique avec l'intégrité des sceaux reconnus par nos seigneurs d'Aix, d'Arles et d'Embrun et par la municipalité, qui déposèrent ce trésor dans une nouvelle châsse en bois doré, sous leur garde et avec une clef chacun et l'exposèrent religieusement de nouveau dans la basilique de saint Trophime.

Plus tard, en 1838, le choléra asiatique envahit la France et faisait de nombreuses victimes, lorsque le vénérable curé de Saint-Roch à Montpellier, M. Vénas, qui n'avait qu'une minime parcelle, s'ingénia à Rome et à Arles, et obtint huit notables parcelles du corps de saint Roch, des mains de M. Bernet qui les avait extraites de la nouvelle châsse avec toutes les formalités d'usage et dont la translation se fit le 30 mai de la même année, et avec un grand concours et une grande générosité de la part de ses concitoyens.

Depuis quatre siècles, de nombreuses parcelles de la primitive relique d'Arles ont été extraites par ordre soit du général des Trinitaires, soit du souverain pontife, soit de nos rois de France et distribuées à des communautés, à des églises, à des royaumes dans toute l'Europe. Il serait trop long d'énumérer ici toutes ces distributions ; qu'il nous suffise de rapporter les plus récentes.

Malgré la résolution des Trinitaires d'Arles de ne faire aucune nouvelle distribution, ils ont été souvent obligés, dit l'historien Baillet, de rouvrir la châsse du saint. Depuis ce temps, six églises de Paris possèdent une parcelle de son corps, entre autres celle qui porte son nom et qui venait d'être achevée par Louis XIV (1665).

Un an plutôt (1664), la reine Marie-Thérèse, épouse de Louis XIV, qui avait fait bâtir une chapelle en la cathédrale de Versailles, demande, par une lettre du 11 octobre 1664, à l'archevêque d'Arles, une relique de saint Roch pour y être placée. Monseigneur l'archevêque accéda au vœu de la princesse.

En 1641, Venise, possédant la partie principale du corps du saint, en envoya une petite partie à la nouvelle confrérie de saint Roch établie à Rome et à trois églises principales de la même ville.

En 1665, le cardinal de Bonzy, dont la famille était alliée à celle de saint Roch et qui était alors ambassadeur de France à Venise, en obtint une autre partie qui resta en héritage à cette seigneurie.

En 1856 et le 25 juillet, M. l'abbé Récluz, digne successeur du vénérable curé Vénas, recevait après de nombreuses démarches à Rome, à Paris, à Arles, à Venise, des mains de Monseigneur le patriarche, une grosse relique, le tibia de la jambe gauche du saint, extraite, authentiquée et verbalisée en sa présence avec pouvoir de l'exposer publiquement ; ce qui fut fait d'une manière splendide les 14, 15 et 16 août de la même année. Dans toute la ville on attendait l'église plus digne du saint, qu'on lui préparait et qui fait aujourd'hui l'admiration des pieux visiteurs étrangers.

Et voilà comment la mère, par une grande manifestation et une immense souscription, reçut son fils et son bienfaiteur presque inconnu du XVe siècle.

CHAPITRE XIV

ARCHÉOLOGIE

L'archéologie est une science très-utile pour compléter l'histoire du passé sur les monuments anciens de toutes espèces et sur leurs auteurs.

Italie

L'Italie entière, où l'apôtre de la charité a laissé des traces si nombreuses et si profondes de son passage bienfaisant, conserve son culte toujours très-vivace. Son histoire des monuments, ses chefs-d'œuvre l'attestent partout, dans les villes comme dans les campagnes, de sorte que saint Roch est encore vivant dans ces contrées; on l'y retrouve dans les arts comme dans les cœurs des habitants.

Belgique

En Belgique, les savants Bollandistes citent la ville d'Anvers comme dévouée au culte de notre saint qui y remonte à plus de trois siècles et où existent encore sa chapelle, sa confrérie, son hôpital, sa rue.

Espagne

Dans la catholique Espagne, il n'est pas une ville, presque pas un village, qui ne soit voué au culte de saint Roch. Son nom est fréquemment donné aux enfants nouveau-nés. Ce peuple navigateur et plein de foi donnait à ses nouvelles conquêtes les noms des saints de la mère-patrie. Celui de saint Roch ne fut pas oublié. C'est ce qu'ils firent en introduisant son culte et en donnant son nom aux différentes contrées de l'Amérique après les avoir conquises au christianisme et à la civilisation.

Pour expliquer ce dévouement de l'Espagne à saint Roch, il ne faut pas oublier que Montpellier fut longtemps une ville d'Espagne avant d'être française.

N'oublions pas d'ajouter à cette nomenclature que le culte de saint Roch a pénétré aussi en Allemagne, en Scandinavie, par les quelques évêques de ces contrées qui assistèrent au concile de Constance, comme on en trouve la preuve dans un missel gallican-romain avant le schisme de Luther (1510).

France

Paris. — La France est couverte de monuments et d'institutions en l'honneur de saint

Roch. Les rapporter nous entraînerait hors des limites que nous nous sommes tracées. Bornons-nous aux faits les plus saillants.

Après le concile de Constance, des images représentant saint Roch furent répandues dans presque toutes les paroisses de France dont une partie lui dressa un autel ou établit une confrérie.

En 1633, à Paris, l'église des Cinq-Plaies devint église paroissiale sous le vocable de saint Roch. Deux ans plus tard, devenue trop étroite pour la population croissante, Louis XIV posa la première pierre d'une nouvelle église plus grande qui fut achevée vers le milieu du XVIIIe siècle. Nous l'avons visitée en 1851. Elle nous a frappé par son ampleur, son élévation et sa splendide ornementation. Nous avons également prié à Saint-Sulpice, dans une très-belle chapelle dédiée à saint Roch, et couverte de peintures à fresque rendant très-bien les faits principaux de la vie du saint pèlerin.

Telle fut la dévotion des Parisiens pour saint Roch, que Baillet rapporte que sa fête devint une fête chômée comme celles de précepte. En 1832, lorsque le choléra sévissait à outrance à Paris, les habitants de la ville d'Auch lui élevèrent une colossale statue sur le parvis de leur admirable cathédrale, et la peste ne pénétra pas dans leurs murs.

CHAPITRE XV

Rhône et Forez

Nous sommes heureux de donner quelques renseignements sur les reliques, statues et chapelles, dédiées à saint Roch, dans le diocèse de Lyon, grâce à MM. les curés qui ont répondu à notre appel et nous sont aussi venus en aide.

Trèves (Trivium)

Disons d'abord qu'en quittant la station Trèves-Burel, pour monter au village, on apercevait, il y a quelques années encore, les dernières culées d'un pont gallo-romain, appelé persey, seul établi autrefois entre les deux petits bourgs de Givors et de Rive-de-Gier, servant de passage aux troupes se rendant à la frontière du royaume et de l'empire, avant que le Dauphiné devînt un département de la France. Ce pont, miné par les inondations du Gier, est tombé de vétusté en 1717 (Cochard, archiviste lyonnais), un dimanche où deux imprudents habitants, dont nous avons cité les noms dans notre notice historique et archéologique sur ladite commune, qui voulaient, disaient-ils, voir branler le pont, furent ensevelis avec lui dans les flots écumants.

Arrivé au milieu du village, chez le sieur Pitiot, on y voit une conche de pressoir relié en fer pour sa conservation, portant la date gravée de 939. Aujourd'hui le propriétaire l'a remplacée, mais il conserve la pièce de bois portant cette date, qu'il a fixée au haut de la colonne qui soutient le toit de son hangar.

Près du clocher se montre un haut et verdoyant Sully, rappelant le règne du bon roi Henri IV et de son habile ministre.

Entrant dans l'église, style gothique, surbaissé du xve siècle, vos yeux sont frappés par l'éclat d'une croix processionnelle d'un métal si pur, jouant l'or, que, voulant la rafraîchir en 1844, elle fut renvoyée de Lyon telle quelle. Elle se termine par trois trèfles : une de ces faces plates représente le Christ, l'autre son monogramme ; le vide de ces deux faces est rempli par des arabesques.

C'est un don présumé des chartreux de Sainte-Croix, autrefois décimateurs et possesseurs de deux vastes fermes, avec leur logement et leur chapelle y attenante, tombée depuis sous le marteau démolisseur de 93, et le devant fournit annuellement un ornement à l'église paroissiale. (Cochard.)

Cette croix, d'après le même archiviste, doit remonter au premier concile général tenu à Lyon au xiie siècle.

Vous abaissez vos yeux et ils aperçoivent aux deux cornes de l'autel, deux médaillons ; ce sont, l'un les armoiries de Pie IX, l'autre celles du cardinal de Bonald. Ensuite vous les tournez à droite de la grande nef et vous apercevez la chapelle primitive du xii* siècle, dédiée d'abord aux saints Abdon et Sennem, puis à saint Roch, à l'occasion de la peste noire.

Ce fléau sévissait avec fureur et décimait la majeure partie des habitants de ces contrées montagneuses, lorsque, en 1628, les Triviens recoururent à la protection de saint Roch.

La statue fut alors vouée et exposée sur la table de communion, six mois durant, avec un grand concours de populations circonvoisines.

La peste cessa et sa statue fut inaugurée dans la chapelle qui porte son nom béni, et depuis, les fléaux pestilentiels n'ont plus reparu.

Aussi les pieux Triviens sont-ils toujours reconnaissants de la délivrance accordée à leurs pères, d'une peste qui fit à Lyon seulement 35,000 victimes.

Aujourd'hui cette chapelle, remise à neuf, a été de nouveau inaugurée, le 16 août 1836, en grande pompe et grand concours de fidèles, par le saint sacrifice de la messe qui n'y avait pu être célébrée depuis la fin du xviie siècle.

Par notre entremise et d'après leur désir unanimement exprimé, ils doivent à la munificence de Mgr de Pins, une parcelle de la grande relique de saint Roch enchâssée dans un beau vase, du style de la Renaissance.

Ce riche trésor n'est pas le seul que possède cette église, elle s'honore encore de précieux restes.

Du bois de la vraie croix; du voile de la sainte Vierge; de saint André, de saint Placide, de saint Juconduse, de saint Julien, de saint François-Régis, de saint François de Sales, de sainte Jeanne-Françoise de Chantal, enfin de saint Christophe (porte-Dieu) qu'elle a pieusement reçues des mains vénérées de Monseigneur Ginouilhac (avril 1874). De plus, une grande et superbe statue de ce saint du xvie siècle, vraie académie, avec tous les attributs, avec temps primitifs (1).

---

(1) Riche statue de saint Joseph, inaugurée le 18 du mois d'avril 1875, le jour de son patronage.

En outre cinq grandes toiles représentant :

L'*Assomption de la Vierge* (titre patronal), don du marquis Dubal de la Jarige, capitaine du régiment de Santerre XVII ; les *Saints Abdon et Sennem* (XIe siècle), grossière toile repeinte par Etienne Chavanne avec leur costume persan et les attributs de leur martyre, comme ils sont représentés au cimetière, à Rome ; l'*Ecce homo* du XIIe siècle, don de Joubert de la Loge, maréchal de camp des armées de Louis XV et de Louis XVI, à Marie Galande (Guadeloupe) ; sainte Catherine avec les attributs de son martyre (XVIIe siècle), don de M. Denuzière, chirurgien bourgeois de Lyon ; sainte Philomène, splendide peinture de feu Joseph Raveri, ainsi qu'une miniature de la sainte Famille.

Toutes ces richesses rendent vénérable cette église.

Enfin, les pieux Triviens ne manquent pas de venir souvent s'agenouiller aux pieds de leur second patron, de sa vénérée relique et de son antique statue de salut et toujours ils en ressentent les heureux effets.

A présent, lecteurs, laissez-moi vous dire son origine et l'étymologie de son nom.

Vers la fin du second siècle de l'ère chrétienne, la Gaule fut le théâtre des combats de Septime-Sévère contre son compétiteur Albinus, qui fut défait à quelques milles de Lyon.

Son vainqueur brûla cette ville en poursuivant Albin et le reste de son armée, composée des Lingons et des Allemands, qui avaient été les plus acharnés contre lui, jusque dans les montagnes longeant le Rhône, rive droite.

Là, sur les hauteurs, se donna le dernier assaut où Albin fut tué, après un affreux carnage de la majeure partie de son armée.

Ceux que la mort avait épargnés et qui restèrent sur les lieux, aussi affectionnés à son souvenir qu'à sa personne, lui élevèrent un tombeau surmonté d'une si haute pierre qu'on donna le nom de Longe-Pierre au village qu'ils bâtirent en ce lieu.

A quelques mois de là, ces nouveaux occupants se querellèrent au sujet des terres de ces montagnes, dont ils avaient pris possession. Des menaces, on en vint aux coups, et sous les coups tombèrent des victimes; au nombre de celles-ci fut l'intrépide capitaine Trévis ou Trévius, en l'honneur duquel les Lingons élevèrent aussi un monument funèbre sur la place qui donne son nom au village bâti par eux (1).

Dans la suite des siècles, les deux tombeaux de Trévis et de Longe-Pierre disparurent du sol, mais les deux villages auxquels ils ont donné naissance existeront toujours sous la dénomination de Trèves et de Longes, pour attester leur haute antiquité.

---

(1) Très-probablement, c'est sur le plateau du Faultre, ce qui est corroboré par la tradition orale, qui veut qu'après une bataille, en ce lieu, un officier supérieur ait été inhumé par ses soldats là où se voit aujourd'hui la croix dite de saint Adon, archevêque de Vienne et noble enfant de Condrieu, sa ville natale, qu'il a délivrée de la peste en 1589, et que ces villages fussent ceux de Longes et Trèves.

Bibost.

La chapelle extérieure de cette paroisse, dédiée à saint Roch, son titre patronal, remonte au XVI° ou au XVII° siècle, car le doute plane sur l'une de ces deux dates, n'a plus que les quatre murs qui tombent en ruines, surmontés d'une voûte lambrissée qui n'indique aucun style.

La statue vermoulue doit être de la même époque; les reliques qu'elle possède, reçues postérieurement, enchâssées dans un reliquaire en cuivre argenté, sont en grande vénération. Sa fête est solennisée avec pompe et grand concours des paroissiens et des habitants du voisinage.

Son vénéré et zélé pasteur y offre le saint sacrifice quatre fois l'année; mais, comme nous, il déplore cet état de délabrement dans lequel on laisse tomber cette relique archéologique, qui pourrait devenir une sauvegarde pour les générations futures. Qu'il espère encore, par sa parole et sa bourse, qu'après l'entier achèvement de la nouvelle église paroissiale, l'esprit de reconnaissance pour la gloire extérieure de saint Roch se réveillera parmi les habitants intéressés et, par la foi, son cœur sacerdotal éprouvera une nouvelle et bien douce consolation.

Saint-Genis-l'Argentière.

Il n'existe plus, dans cette paroisse, de l'ancienne chapelle dédiée à saint Roch qu'une croisée donnant dans une grange, chapelle ainsi transformée depuis 93.

Ce qui prouve son ancienne existence, c'est qu'un quartier de Saint-Genis porte encore le nom de Saint-Roch, et que son antique relique est en grande vénération sans pouvoir en fixer la date, les archives de la Fabrique ne faisant mention ni de la chapelle, ni de la statue, ni des reliques.

N'ayant de plus amples renseignements, nous émettons le vœu, pour les habitants de Saint-Genis, d'une nouvelle restauration de chapelle, et pour le pasteur une nouvelle gloire intérieure au grand saint que leurs pères ont invoqué dans leur détresse.

Ville-sur-Jarnieux.

La date probable de la chapelle dédiée à saint Roch est du xvie siècle ou d'une date postérieure et à l'occasion d'une peste partielle.

Depuis longtemps elle menaçait ruine jusqu'au sol. Le zèle du curé actuel et des habitants vient de mettre la main à l'œuvre pour la relever et même l'agrandir pour la troisième fois depuis sa primitive construction; mais nous ne savons le style qu'on lui donnera. Les fondations ont mis à jour des ossements humains, qui feraient supposer que c'était là le lieu de sépulture des pestiférés.

La statue du saint, devant dater de la même époque, est trop vermoulue pour être mise à neuf, ce qui est un malheur, elle va être remplacée par une autre plus convenable.

Jusqu'à présent, le saint sacrifice y a été offert plusieurs fois l'année, avec concours de fidèles à l'intérieur et à l'extérieur de cette chapelle trop étroite, pour vénérer les saintes reliques du guérisseur des peuples.

Enfin, cette nouvelle restauration, qui ne laissera d'antiques que les reliques, doublera le culte extérieur du saint et fera honneur au pasteur et à son troupeau.

Brulliole.

L'église paroissiale de cette commune, sous le titre patronal de Saint-Roch, n'a aucune date précise ni aucun style marqué, on dirait le roman.

La voûte lambrissée a été dernièrement remplacée par une autre plafonnée, mais plus élevée.

La flèche de son clocher a été renouvelée, ce qui fait supposer que la construction de cette église remonterait à l'époque de la peste noire, ainsi que la statue du saint, dont les reliques, authentiquées par le vénérable vicaire général, M. Bochard, en 1812, ont été reçues avec solennité par les pieux fidèles qui, jusqu'à ce jour, ont conservé pour elles et la statue une telle vénération qu'ils ont fait dire, ainsi que des étrangers à la paroisse, dans leurs nécessité ou en actions de grâces, durant l'année, quantité de messes à son autel privilégié.

Puissent-ils éloigner à tout jamais de leurs demeures le fléau dévastateur qui désola si cruellement la France il y a 160 ans !

Cotance.

Le titre primitif et patronal de cette paroisse, archiprêtré de Feurs, a été celui de Notre-Dame de Cotance; mais à l'époque où la peste noire des xvie et xviie siècles envahit, à différentes reprises, la province du Forez, il a été changé en celui de Saint-Roch qu'elle porte actuellement.

Ce changement de titre a quelque analogie avec le nôtre, mais sans blesser en rien Notre-Dame de Trèves, puisque la chapelle du xie siècle, à l'intérieur de l'église, fut dédiée d'abord aux saints Persans, Abdon et Sennen, qui ont dû fraternellement céder leur place au saint français, saint Roch, devenu second patron, le 16 août 1628, en reconnaissance de la délivrance de la même peste, selon la promesse inscrite sur sa tablette à tous ceux qui l'invoqueraient avec une ferme confiance.

L'église de Cotance n'a aucun caractère marqué, si ce n'est qu'elle a trois nefs à voûte forte et à pans coupés surbaissés. La statue de saint Roch y occupe une modeste chapelle avec une précieuse parcelle d'os du saint patron et les pieuses familles de Cotance et des environs y viennent souvent intercéder le grand guérisseur des gens et des bêtes, soit dans leurs nécessités, soit pour actions de grâces particulières.

L'excellent et sympathique curé, qui dirige le bon esprit de cette paroisse vers le bien de tous, ne peut manquer de lui donner, ainsi qu'à saint Roch, un nouveau lustre.

On peut dire aussi, sous le rapport archéologique, que toutes les chapelles fondées et statues vouées à saint Roch, dans le diocèse de Lyon, l'ont été aux xvie et xviie siècle, et le culte du saint s'est répandu dans le diocèse et le reste de la France.

Bussière.

En l'an 1633, comme il est gravé à l'intérieur de la porte de la chapelle rurale, la peste faisait de nombreuses victimes dans toute la contrée ; gens et bêtes subissaient le même sort, surtout au hameau de Fenestre, où chaque famille pleurait des parents et perdait son bétail, et où des maisons entières restaient vides de leurs hôtes ; la mort aveugle, armée de sa faux, les avait moissonnés.

Au milieu de la désolation générale, un de ses habitants, nommé Girard, fit le vœu à saint Roch que, s'il échappait au fléau, il lui vouerait une statue dans une chapelle construite à ses frais sur son propre terrain.

Cet acte de foi plut à saint Roch ; il en obtint l'insigne faveur d'être préservé de la peste, et la reconnaissance lui fit remplir son vœu, qui fut accompli en 1633, cinq ans après celui de Trèves (en 1628).

Depuis cette époque néfaste, la mémoire en est restée vivante dans toute la contrée. Aussi, jusqu'à nos jours, cette chapelle, qui est restée la propriété particulière des héritiers Girard, est-elle fréquemment visitée par de nombreux pèlerins, et le saint sacrifice de la messe y est souvent offert durant l'année.

Depuis une trentaine d'années seulement, elle a été acquise des héritiers directs de Girard par la fabrique de l'église paroissiale, qui devra la réédifier par les fondements ; ses quatre murs en pisé, avec ses deux fenêtres à plein cintre, ne pourront longtemps encore rester debout, et le zèle du curé actuel lui donnera un nouvel éclat, en même temps qu'un nouvel aliment à la dévotion de la pieuse population pour le grand bienfaiteur de l'humanité souffrante.

Rozier-en-Donzy.

La chapelle rurale, dédiée à saint Roch, est à dix minutes du bourg ; construction simple en pierres, surmontée d'un petit clocheton portant une petite cloche servant à annoncer l'*Angelus* et les fêtes. Elle est sans architecture et doit être de la même époque que celle de Bussière, citée plus haut. La statue du saint, en plâtre, a été récemment posée, lors de la réparation de la chapelle, il y a quelques années.

Cette chapelle a reçu de Mgr de Bonald des

reliques de saint Roch, en 1845. Elle est ouverte tous les dimanches et les fêtes, où les fidèles viennent prier pour leurs besoins spirituels et temporels.

Le 16 août, on s'y rend processionnellement pour assister aux deux messes solennelles qui s'y célèbrent. La foule est si grande alors que la chapelle ne peut la contenir ; une partie reste à l'extérieur pour les entendre.

On cite aussi plusieurs prodiges, mais ils manquent d'authenticité.

Puissent les soins que le curé actuel donne au culte de saint Roch retomber sur la paroisse en rosée de bénédictions !

Francheville.

Le tout petit édicule élevé primitivement à saint Roch, à l'occasion de la peste partielle de 1625, a disparu en 1630, pour faire place à une vaste église paroissiale sur le même terrain et sous le même titre patronal, à proximité de la belle eau Delay, qui a attiré et fixé sur ses deux rives une nombreuse population de blanchisseurs de linges pour la grande ville. La statue du saint, ainsi que ses reliques, authentiquée par M. Courbon, ne remonte qu'au pontificat du cardinal Fesch.

Saint-Barthélemy-Lestra.

Un philosophe, un ami de la science nous fournit sur l'établissement de la chapelle à saint Roch de longs et curieux détails que nous sommes forcés, bien malgré nous, d'analyser légèrement.

Cette chapelle est sur la route de Lyon à Bordeaux, au-dessus de la 57e pierre kilométrique, dans l'angle formé par la route et le chemin menant à Saint-Barthélemy, distant de 500 pas. Telle est sa position topographique. Au chevet de la chapelle se trouve le cimetière. Jusque dans le repos de la tombe, les habitants de

Saint-Barthélemy sont sous le couvert de la protection de saint Roch. La chapelle n'a pas de style propre ; sa voûte affecte une forme romane.

Au mur du fond, légèrement arqué, est adossé l'autel, surmonté d'un retable. La statue du saint est placée sur le tabernacle, en arrière de la croix. Il porte le costume de pèlerin, pèlerine à coquillages, bâton avec bourdon. De sa main droite il relève sa tunique, montre une plaie à sa cuisse droite. A Trèves, un ange lui applique un baume, remède souverain et symbole de sa guérison miraculeuse. A ses pieds, le chien traditionnel, porteur d'un pain qu'il lui présente.

Les archives de la paroisse relatent que Pierre de Guérin, de Tencin, cardinal-archevêque et comte de Lyon, primat de France et ministre d'Etat :

« Vu la requête à nous présentée par les curé, seigneurs et les habitants de la paroisse, qui nous exposent que les fléaux auxquels ils ont été assujettis les années précédentes, surtout par rapport à la mortalité de leurs bestiaux, les ont engagés à faire construire une chapelle en l'honneur de saint Roch, dans l'enceinte de leur paroisse; que les matériaux et somme nécessaires pour ladite construction seront fournis, ainsi que l'ornementation et l'entretien de la fabrique et tout le culte nécessaire, avec autant de générosité que de piété, par les suppliants, sans qu'il en coûte rien à la chapelle, et que l'emplacement sera à cinq cents pas de l'église paroissiale.

« Nous consentons auxdites érection et construction dans l'espace du terrain fixé ci-dessus, lequel sera probablement béni par le sieur curé du lieu, que nous commettons également pour bénir ladite chapelle, et qu'on se conforme en tout, en ce qui regarde le service, la propriété de ladite chapelle, à ce qu'il est réglé dans le mandement du 1er septembre 173... (manque le 4e chiffre du millésime), de notre prédécesseur immédiat, et qu'elle sera sujette à notre autorité, visite et juridiction et de nos successeurs archevêques.

« Donné à Lyon, le 3 du mois de février 1750. »

Voici une seconde pièce :

« Cejourd'hui, troisième *(sic)* août mil sept cent cinquante-cinq, au son des cloches de l'église paroissiale de Saint-Barthélemy-Lestra et en présence des habitants, en conséquence de la permission qui nous a été accordée par Son Eminence Mgr le cardinal de Tencin, archevêque de Lyon, en date du 3 février de l'année 1750, signé ✝ vic. Ev. de Gyd. juff. de Ly. V. G. *(sic)*, nous curé, soussigné, avons béni une chapelle rurale, érigée sous le vocable de saint Roch, et bâtie aux frais et dépens des habitants dudit lieu, et avons célébré le saint sacrifice de la messe, dont nous avons octroyé acte pour servir à valoir de ce que raison.

« Signé : BONJOUR, curé de St-Barthélemy. »

La statue a probablement dû être érigée en même temps que la chapelle. Elle possède, depuis le 27 juillet 1853, une parcelle *ex ossibus*, dit l'authentique. Elle la doit à la sollicitude de M. l'abbé Jacques Gras, alors curé de Saint-Barthélemy-Lestra.

Le concours est grand à la fête de Saint-Roch ; il est remarquable chaque fois que l'on y célèbre la messe, ce qui, en moyenne, arrive au moins toutes les deux semaines. En dehors de ces deux circonstances, on peut dire qu'il ne se passe pas de jour que l'on ne vienne prier à cette chapelle. Rarement un voyageur de ces contrées passe devant elle sans s'agenouiller sur les marches de son perron, invoquer saint Roch. On se rappelle avec attendrissement les marques de dévotion à saint Roch, données par les maçons de la Creuse, à l'époque où ils suivaient la route de Bordeaux pour se rendre à Lyon, et, la saison finie, rentrer dans leurs foyers. On les voyait, à l'aller et au retour, par centaines, agenouillés autour de la chapelle, prier avec ferveur.

Depuis la cause occasionnelle de la construction de cette chapelle, le fléau pestilentiel n'a pas reparu ; et même le bétail du Forez périssant en grand nombre dans la plaine, celui de

Saint-Barthélemy se trouvait dans un état prospère.

De mai 1872 à fin 1873, la diphtérite ravageait tout autour de Saint-Barthélemy; Saint-Martin surtout où, sur quarante-huit personnes atteintes, quinze seulement furent guéries, tandis qu'à Saint-Barthélemy, sur dix-sept cas, un seul fut mortel.

Pour faire cesser le fléau, Saint-Martin entreprit une neuvaine à la Sainte Vierge. Le lundi de la Pentecôte, 2 juin 1874, les habitants de cette commune allèrent en procession à la chapelle de Saint-Roch, de Saint-Barthélemy. Le pèlerinage avait pour but de remercier le saint de la protection qu'il avait accordée à Saint-Martin, pendant l'année 1873, pour éloigner l'épidémie qui désolait la paroisse et implorer l'assistance pour l'avenir.

Honneur à M. l'abbé Solesse, qui connaît et raconte si bien les faits historiques et archéologiques de sa localité !

Saint-Jullien-en-Jarrez.

De la Grand'Croix, le 9 septembre 1874, nous gravîmes à droite les hauteurs du Fay et nous atteignîmes la chapelle Saint-Roch, sise sur les confins de Tellieux et de Saint-Jullien, à deux kilomètres de cette dernière paroisse. Après visites et informations diverses faites sur les lieux ou à Saint-Chamond, avons reconnu que la chapelle primitive avait été fondée en 1728, à l'occasion d'une peste partielle qui ravageait les environs et particulièrement Saint-Chamond, où l'autorité fit grâce de sa peine à un condamné sous la condition expresse, par lui acceptée, de transporter les corps des victimes de la peste en ce haut lieu, qui est encore appelé le cimetière, à quelques mètres au bas de la chapelle. Pendant la peste on célébrait tous les jours le saint sacrifice en l'honneur de saint Roch, sur deux tonneaux réunis garnis de deux planches et ornés pour la cérémonie.

Ce ne fut qu'après la cessation de la peste et en reconnaissance, que les habitants bâtirent en maçonnerie une petite chapelle avec clocheton en bois pour porter une petite cloche sur le même emplacement. Elle a subsisté jusqu'en 1828, où, tombant totalement en ruines et trop étroite pour contenir la foule des pèlerins de Saint-Chamond le 28 août, de Saint-Jullien le 1er des rogations, de Tellieux et de Saint-Paul-en-Jarrez pour la fête du saint, elle fut remplacée par une chapelle, avec campanile pour loger la cloche ; la majeure partie de la dépense a été couverte par la puissante maison Neyran. Elle a 12 mètres de longueur sur 6 mètres de largeur, on y a conservé de chaque côté de la porte d'entrée les deux anciens œils-de-bœuf qui donnaient jour dans l'intérieur et par où le pieux voyageur, en même temps qu'il y envoie sa prière, ses yeux aperçoivent la statue du saint guérisseur placée sur le tabernacle de l'autel en bois renfermant ses reliques et en obtiennent sa protection. Elle peut actuellement contenir les grandes processions qui y montent à différentes époques.

Le reliquaire, surmonté d'une espèce de couronne, doit être de la chapelle primitive sous le pontificat du cardinal de Tancin (xviie siècle), ou de celui du cardinal Fesch, en 1812. Feu Monsieur Ennemond de Richard, auteur des origines de Saint-Chamond, qui a recueilli les vieux papiers de ladite chapelle, peut seul en fixer la date. Mais toutes nos recherches à cet égard ont été infructueuses. La statue du saint, avec son attribut traditionnel, est assez bien conservée sous le rapport du type ; nous préférons celle de Trèves avec tous les attributs du xvie siècle.

Palognieu.

La date de la construction de la chapelle dédiée à saint Roch remonte à l'année 1627, la tradition locale constate que l'année suivante Palognieu et les paroisses environnantes furent ravagées par une peste effroyable.

Les populations furent décimées à plusieurs reprises, et des familles entières disparurent; chacun s'attendait à sa dernière heure, rangeait ses affaires spirituelles et temporelles; pour conjurer le fléau, les survivants imploraient la miséricorde de Dieu par l'intercession de saint Roch. Alors, deux habitants, les deux frères Piton ou Viton se chargèrent de faire les frais d'une chapelle en l'honneur de saint Roch. Chapelle qui fut construite sur le terrain de l'un d'eux, à 200 mètres environ, en amont du petit bourg de Palognieu, sur une éminence d'où la vue s'étend au loin sur les plaines et les montagnes du Forez. Cette chapelle n'a pas de style bien prononcé, c'est un rectangle terminé en rond-point du côté du levant, et qui forme le chœur proprement dit.

La voûte est lambrissée avec liteaux croisés, imitation du style à la Louis XIV. L'ancienne statue se trouve actuellement dans l'église paroissiale, une autre, plus récente, occupe la vieille chapelle, qui ne possède pas de reliques.

La fête du 16 août attire à l'église toute la pieuse population de Palognieu, ainsi qu'aux six messes qui s'y célèbrent la quinzaine suivante, ce qu'il y a de plus remarquable dans cette chapelle, c'est un double tableau formant le retable de l'autel, peint sur bois, représentant, d'un côté, l'Annonciation de la sainte Vierge, et de l'autre, Jésus dans la crèche. Il se trouve divisé par le tabernacle et par une petite niche du plus gracieux effet.

Il porte la date 1606, il est, par conséquent, antérieur à la construction de la chapelle de Saint-Roch, et doit provenir de celle du vieux château de Palognieu, dont il ne reste plus que la base, d'où s'élance le clocher actuel, ancien chœur d'une église romane remontant à la fin du xe siècle. Enfin ce tableau sans encadrement, cette petite niche et ce tabernacle, ont fait l'admiration de deux archéologues de renom, qui sont venus tout récemment le visiter.

Notre savant correspondant, qui apporte sa pierre à l'édifice que nous élevons, termine en disant que les monuments anciens et les restaurations modernes attestent la foi et la piété pour le culte de saint Roch, qui fut si grand par son humilité et par son amour de la pauvreté et de la souffrance, après avoir abandonné sa brillante position dans le monde.

Renaison.

Il existait une chapelle rurale primitive dédiée à saint Roch qui a été entièrement démolie en 1866 pour être reconstruite, en 1870, sur le même emplacement, dans le style de la renaissance; elle domine la plaine de la ville de Roanne comme le bourg. de Renaison; toute petite coquille gracieuse avec ses trois vitraux à personnages, œuvre de Mauvernais, elle n'attend plus que la statue de saint Roch, et quand l'ornementation de cette nouvelle chapelle sera terminée et qu'elle aura acquis une relique du saint, elle présentera un véritable intérêt.

Violay.

La chapelle rurale de Saint-Roch a un portique qui mesure 3 m. en avant de la porte d'entrée et qui porte la date de 1710, ce qui fait croire qu'il n'a été construit que deux ans après la fondation de la chapelle elle-même, d'après le millésime gravé sur une pierre de la porte d'entrée, cette chapelle remonte à 1689, pour accomplir un vœu fait à la suite d'une épidémie dont on avait obtenu la délivrance par l'intercession de saint Roch.

Cette chapelle, régulièrement orientée, n'a du style roman que quatre croisées, dont l'une du côté du Nord et trois du côté du Midi ; elle mesure 6 m. 60 c. de largeur, sur 19 m. 70 c. de longueur jusqu'à l'appui de la table de communion, et, de là, jusqu'au fond de l'abside,

4 m. 10 c., sur 4 m. 90 c. de largeur. Au-dessus du chœur seulement, il y a une voûte en pierre à plein cintre, le reste est tout plafond.

La porte d'entrée est de style roman, au-dessus un œil-de-bœuf, de chaque côté de cette porte se trouve une niche vide pour recevoir une statue. Celle de saint Roch est placée dans une niche au-dessus du tabernacle, qui renferme le reliquaire authentiqué par M. Courbon en novembre 1810. Cette chapelle est située à l'extrémité du bourg, à 100 m. de l'église paroissiale.

La sainte messe y est célébrée chacun des trois jours des Rogations, le 16 août et le jour de saint Marc, et toutes les fois qu'il s'agit d'obtenir une grâce particulière ou la délivrance d'un fléau.

Le pays a une grande confiance à saint Roch et à saint Marc; la pieuse population prétend, sans parler de prodiges, n'avoir jamais invoqué en vain ces deux patrons de la paroisse.

La chapelle sert aussi de lieu de réunion

aux confrères du Saint-Sacrement et du Saint-Rosaire.

Puisse la confiance de cette pieuse population s'accroître encore, s'il est possible, et sa foi ne sera pas confondue même au milieu de l'atmosphère empoisonnée qui l'investit de toute part.

Un beau et ondoyant tilleul ombrage l'entrée de cette chapelle dans laquelle on dépose momentanément les corps, lorsque l'hiver amasse une couche trop épaisse de neige dans le lieu du repos.

Saint-Just-en-Bas.

Une petite chapelle romane en l'honneur de saint Roch y a été construite au commencement du XVIe siècle à l'occasion d'une peste qui ravageait ses montagnes. Jusqu'ici on a continué à y célébrer le saint sacrifice de temps à autre dans l'année. Elle a besoin de grandes réparations qui se feront incessamment.

Theizé.

Le sanctuaire dédié à saint Roch n'a rien de remarquable comme architecture, enfermé par un mur dans le cimetière situé à quelques mètres du village, et n'a que 15 ou 16 mètres de superficie dans son œuvre ; c'est un mélange de grec et de gothique, et on y dit la messe deux fois l'an.

Rontalon.

La chapelle à saint Roch élevée dans le cimetière date de 1624. Elle a été élevée par une personne qui, après avoir vu mourir subitement ses parents et ses voisins qui habitaient comme elle le hameau de Tiremanteau dont elle restait seule, se voua aux soins des malades et promit que si l'épidémie cessait elle élèverait un sanctuaire en l'honneur de saint

Roch. La chronique rapporte que le fléau cessa presque aussitôt.

Aujourd'hui cette chapelle est dans un tel état de ruines qu'on n'y dit plus la messe depuis plusieurs années. Elle est sans style et un petit porche protége sa porte d'entrée. Mais ce qu'elle renferme de plus remarquable, c'est un bénitier en pierre granitique qui porte dans un écusson l'inscription suivante : Alexandre Phély ou Phily, comme on nomme aujourd'hui cette famille, et la date 1745.

La statue du saint avec son attribut traditionnel est très-ancienne, mais sans date.

Châtillon-d'Azergues.

La chapelle de Saint-Roch est située à l'ouest du vieux château en ruines, dans l'ancien cimetière de Châtillon.

Le nom de saint Roch, sous le vocable duquel sont placées un grand nombre de chapelles rurales, nous rappelle ces pestes effroyables qui désolaient si fréquemment la France au moyen-âge.

Cette chapelle, à en juger surtout par la forme de son abside romane en cul-de-four, est très-ancienne et doit remonter au xie siècle; elle fut dédiée à saint Roch au xvie siècle. Elle ne possède ni statue ni reliques. Elle a dû subir plus d'un remaniement, et ses fenêtres notamment ont été visiblement agrandies.

Plusieurs familles de Châtillon ont leurs sépultures dans le petit cimetière qui l'entoure, et c'est là que repose Mme Voilez, auteur de romans moraux à l'usage des jeunes filles, décédée à Châtillon en 1859. Dans ce même cimetière, on remarque une croix dont le croisillon est de fraîche date, mais dont la base et le socle gothique sont l'œuvre du xvie siècle. Sur cette croix qui porte la date de 1552, on voit sculpté le blason suivant : de .... chevrons de ...., accompagné en pointe d'un cœur de .... au chef de ...., chargé de trois étoiles de .... et les initiales C. G. qui portent les armes du seigneur et qui permettent de croire que cette croix a été élevée par un membre de la famille de Claude Gaspard.

Si une noble pensée ou toute autre circonstance fortunée venait à surgir parmi les habitants de cette riche contrée pour relever le culte de saint Roch, il pourrait bien redevenir d'un grand secours aux générations futures qui béniraient alors la mémoire de leurs pères de cet heureux événement.

Chat. Vach.

Villefranche.

Le fléau pestilentiel a fait d'abord son apparition le 26 décembre 1628, durant six mois, pour disparaître pendant deux ans et demi et revenir le 26 septembre 1664 avec une telle intensité qu'il fit des milliers de victimes en Bourgogne, en Mâconnais, en Beaujolais.

Les survivants effrayés répétaient sans cesse que Dieu et la bonne Vierge nous en délivreraient jamais, s'il leur plaît ! C'est à cette époque que les habitants de Villefranche élevèrent à saint Roch, avec sa statue, une petite chapelle rurale, au midi de leur ville, qui a été remplacée à la dernière peste par une autre plus monumentale.

Le fléau renouvela son apparition en 1729. Alors le conseil de la ville s'assembla, le mardi 17 août, et, sur la proposition de l'un de ses membres, qui avait dit que la peste nous invitait à revenir par la prière à Dieu, souverain médecin, pour qu'il lui plaise d'avoir pitié de nous, d'apaiser son ire et de retirer son fléau de dessus nos têtes, le conseil déclara, tout, à l'unanimité des voix, 1° faire au nom de la ville, restaurer et agrandir la chapelle de Saint-Roch qui est hors de la ville, jusqu'à l'emploi de la somme de 100 livres ; 2° de faire pendant dix ans une procession générale à ladite chapelle, le mardi de Carême, sans excepter celle qui se fait annuellement le 16 août ; 3° y assisteront MM. les curés et les sociétaires de la ville, les RR. PP. Cordeliers et Capucins avec le plus de dévotion que faire se pourra, et seront invités d'y assister tous les chefs de famille ou d'y envoyer quelques-uns des membres de leurs maison ; 4° on fera des prières publiques et le peuple en fera de particulières annoncées par le son de la cloche. — De plus il a été invité à faire dire des messes à Notre-Dame de Rivollet où assisteront MM. les échevins, tenant en main chacun un cierge de la pesanteur de 2 livres qu'ils offriront à l'autel, après la messe dite, pour la santé de la ville, de la campagne, des gens et des bestiaux. Et le tout sera exécuté le plus tôt que faire se pourra, car tel est le vœu du conseil.

Quinze jours après cet acte, les échevins s'engagèrent solennellement, au nom de la ville, à accomplir ce vœu, comme en fait foi l'acte du 16 août 1729.

Ce vœu de la ville est encore aujourd'hui toujours rempli chaque année par le clergé de Villefranche, le 3me dimanche après Pâques.

Cette chapelle est située sur les confins de la paroisse de Limas, sur une petite éminence qui domine le marché aux bestiaux, elle a la forme d'une rotonde au haut de laquelle s'élève grandiose, la statue de la Vierge immaculée, ainsi qu'à l'intérieur et à droite, celle de saint Roch, qui ornait seule le sanctuaire, au temps des premières pestes.

Gleizé.

L'emplacement pour la construction pour la chapelle de Saint-Roch a été donné par un ancien seigneur du fief de la terre de Vaux-Renard.

Cet édifice est très-simple, sans caractère architectural, et ne remonte qu'au XVIIe siècle; son mobilier est fort simple et ne possède pas de reliques, son principal ornement est la statue de Saint-Roch qui date de la dernière peste du siècle dernier.

Le clergé de Gleizé s'y rend chaque année

le 16 août, pour y célébrer le saint sacrifice devant un grand concours de pèlerins accourus de toutes les communes circonvoisines pour y prier le saint guérisseur en faveur de la conservation de leur bétail. C'est tout ce que nous pouvons en dire, n'ayant pas d'autres données.

Renaison.

Le quatrième hameau qui forme le faubourg de Renaison s'appelle le hameau de Saint-Roch ; sa chapelle a été fondée, par un curé de cette paroisse, nommé Jacques Bouquet, durant une des pestes du moyen-âge. C'est tout ce que nous pouvons en dire.

Chirouble.

A l'ouest du bourg est une petite chapelle dédiée à saint Roch, qui fut élevée à l'occasion d'une maladie contagieuse qui exerça ses ravages dans le pays, en 1634. Au fond de cette chapelle est un tableau d'une exécution plus que médiocre, représentant trois sujets à la fois, l'Assomption, le Martyre de saint Sébastien et saint Roch. Au-dessus est une inscription qui apprend que ce tableau a été fait au mois de mai 1828, en l'honneur du bienheureux qui y est censé représenté et pour remplacer un autre tableau qu'avait placé M. l'abbé Teillard, au XVIIe siècle, ancien curé, lequel tableau avait déjà été fait pour renouveler celui qu'y avait placé lors de la construction de la chapelle, Nicolas Mestra, alors curé de la paroisse. De cette chapelle, la vue est magnifique; de là on découvre l'étendue de la plaine de Dombes, et presque en face de Thoissey.

Roanne.

A l'extrémité nord-est de la ville de Roanne, on voit encore la chapelle Saint-Roch. Elle fut fondée en 1599 par Louis Valence, écuyer, bailli de Roannais, et restaurée en 1722, par Claude Huë, lieutenant général au même bailliage. La tradition rapporte que les principaux habitants et même les dames les plus distinguées de la ville travaillèrent de leurs propres mains à la construction de cette chapelle, en exécution d'un vœu solennel fait pendant la peste.

L'inscription suivante se lit au-dessus de la porte :

IN HONORE SANCTI ROCHI
HOC SACELLVM A LVD^{CO}
DE VALENCE, ESQVITE, BALLIVIO
RHODVMNENSIS PROVINCLE ET
PRATORE ERECTVM FVIT
ANNO PESTIS 1599
ET IN POSTERVM A CLAVD. HVE
ESQVITE EIVSDEM PROVINCLE PRACTORE
COMPARATVM REÆDIFICATVM ET AMPLIATVM
ANNO PESTIS
1722.

C'est par erreur que La Mure place en 1629 la fondation de la chapelle de Saint-Roch; mais il est certain que, d'août 1638 jusqu'à la fin de l'année suivante, Roanne fut ravagée par la contagion. On attribua la cessation du fléau aux prières de la sainte Jeanne Chizat de Mitel, fondatrice de l'ordre du *Verbe incarné.*

Cette époque fut marquée, à Roanne, par une grande recrudescence de la piété et la construction de plusieurs édifices religieux. Cette chapelle, située presque à l'extrémité du grand parc de M. Raymond de Larnage, juge au tribunal civil de Roanne, qui s'étend sur les hauteurs de la rive gauche de la Loire, est enclavée dans ce parc et attenante aux murailles. Les meubles et tableaux qui la décorent intérieurement n'ont aucun mérite d'art ni de curiosité. Une particularité rare et remarquable, c'est que la muraille de la chapelle, qui est longée par le chemin public, est percée, non loin de la porte d'entrée, d'un trou oblong par lequel on peut voir tout l'intérieur de l'édifice. On jette par ce trou les offrandes faites pour l'entretien de la chapelle, lesquelles sont ensuite recueillies par le sacristain. C'est la tradition païenne des offrandes faites aux dieux, renouvelée et transformée. Cette chapelle est fermée pendant toute l'année, mais le 16 août le service religieux y est célébré, un pèlerinage nombreux y arrive, et une fête s'y établit dans le parc ouvert libéralement, cette fois, par le propriétaire.

Amplepuis.

Cette paroisse, où nous avons eu l'honneur de prêcher le premier anniversaire de la consécration de sa haute et vaste église, a toujours, malgré les malheurs du temps, conservé son esprit religieux des montagnes du Beaujolais.

En effet, la chapelle de Saint-Roch, du XVI° siècle, est très-fréquentée ; on y célèbre le saint sacrifice de la messe presque tous les jours, parce que, vers la fin du XVII° siècle, on l'a de nouveau vouée à Notre-Dame de Saint-Roch ; de sorte qu'elle est devenue, pour cette population de 7,000 âmes, un petit Fourvières.

Mais nous ne croyons mieux faire que de donner la notice textuelle et authentique du châtelain qui l'a copiée de sa propre main sur les parchemins laissés par ses ancêtres et fondateurs :

« Des maladies pestilentielles, apportées d'Italie par les troupes qui revenaient de la guerre faite par Louis XIII, pour soutenir les droits du duc de Nevers au duché de Mantoue, exerçaient depuis trois ans leurs ravages dans notre pays, ainsi qu'à Lyon, Tarare, Thizy, Roanne, Montbrison et et d'autres lieux.

« En 1630, à la croix des Rameaux, Pierre Guillard, sieur de la Goutte, juge ordinaire de la terre d'Amplepuis, donna en son domaine du Coucy, au-dessus du château de la Goutte, un espace suffisant pour construire une chapelle à saint Roch.

« Cette chapelle a été achevée pendant le

carême de 1647, et bénie le mardi de la semaine sainte, 16 avril 1647, par M. Humbert Rousset, curé de la paroisse d'Amplepuis, qui y célébra la messe pour la première fois le même jour, avec la permission de M. le grand vicaire de Lyon.

« La chapelle de Saint-Roch fut ensuite dédiée à la Sainte Vierge sur la fin du xviie siècle et est devenue, sous le nom de Notre-Dame de Saint-Roch, un pèlerinage très-fréquenté par les habitants de la paroisse.

« Il existe à Tarare et à Thizy des rues du nom de Saint-Roch. Il est à présumer que des chapelles avaient aussi été élevées dans ces deux villes en l'honneur du saint, et que ces rues y conduisaient. Les chapelles n'existent plus. »

Saint-Étienne.

HISTOIRE

L'histoire de cette paroisse-mère du xiiie siècle, style de l'époque, n'était, trois ou quatre siècles plus tôt, qu'une chapelle châtelaine ouverte à tout le monde. L'immense territoire de cette seigneurie a donné naissance à un certain nombre de grandes paroisses.

Après Saint-Etienne sont venues, entre autres :

Notre-Dame, 1659, au-delà du Furens, dont les eaux sont si estimées pour leur excellente trempe des métaux. Cette église présente un vaste vaisseau successivement agrandi, mais sans caractère bien marqué, à l'exception de sa grande façade, noircie et flanquée de deux hautes tours carrées qui rappelleraient la renaissance.

Sainte-Marie, 1803, par delà le Chavanelet, autrement dit le Barilloz, ruisselet arrosant le bas d'une prairie, au sommet de laquelle il prend naissance, dans la paroisse de Val-Benoîte, et où, jadis, fut élevée la chapelle votive de Saint-Roch. Cette église, depuis sa récente restauration, présente une espèce de rotonde, avec ses trois dômes, dont le principal, à deux étages de vitraux peints, frappe tout d'abord l'œil peu exercé du visiteur ébloui à l'aspect du style oriental flamboyant.

Saint-Louis, 1840, pureté du style grec.
Saint-Charles, 1841, style roman.
Montaud, 1840, église romane.
Saint-Roch, (voir plus loin.)
Sainte-Barbe, autrement dit église paroissiale du Soleil, 1830, attire de très-loin les regards du voyageur, par sa flèche s'élevant à plus de 30 mètres dans les airs, et rappelant l'aiguille de Dijon de 90 mètres.

Enfin Saint-André, *Saint-Ennemond*, *Saint-François-Regis*, *La Nativité* et autres dont les noms nous échappent; nous n'en faisons pas une mention spéciale, les unes n'étant qu'en voie de construction avancée, les autres n'étant encore qu'à l'état de provisoire.

Depuis 1800 surtout, la fabrication des rubans et la manufacture des armes, l'extraction plus abondante de la houille, et l'industrie de la métallurgie, voilà le secret de l'agglomération de cette population sur un seul point, et qui, dans ces derniers temps, a fait de cette ville de 125,000 âmes et de ses quatorze paroisses, le chef-lieu du département de la Loire.

MONOGRAPHIE

La peste noire, après avoir parcouru une partie de l'Europe, sévit avec violence à Saint-Etienne. La mort aveugle, armée de sa faux, sillonna la ville en tous sens, jetant le deuil dans un grand nombre de maisons.

Mais à cette époque de désolation générale, la foi était là, faisant pénétrer un rayon d'espérance dans les cœurs chrétiens ; la fureur de l'épidémie éveilla la dévotion à saint Roch et on lui demanda la cessation du fléau en s'inclinant devant le maître suprême de la santé, de la vie, de la mort, et en le suppliant par ses saints.

Alors, aux XVIe et XVIIe siècles, on vit surgir de tous côtés de nombreuses chapelles dédiées à saint Roch.

Saint-Etienne déjà éprouvé deux fois ne pouvait qu'imiter l'exemple de ses sœurs.

Au milieu d'une neuvaine entreprise en l'honneur de saint Roch pour conjurer le fléau, on fit le vœu, au nom de la ville, de lui élever une chapelle où l'on irait tous les ans en procession, le 16 août, le remercier au nom de Dieu.

Jacques l'Hospital, seigneur de Villebœuf, se leva, promit et donna à la ville, par testament, reçu par Dubois, notaire, à la date du 31 octobre 1586, l'emplacement pour bâtir ladite chapelle, à l'endroit où était plantée la croix de Villebœuf.

Il léguait, en outre, vingt écus sols que les héritiers devaient payer pour aider aux frais de la chapelle dont la construction était confiée aux soins des consuls de Saint-Etienne. Ce qui résulte d'une inscription gravée sur une pierre servant de fondement à cet oratoire, et qui a été découverte vers 1825, quand les derniers débris de cet humble édifice étaient dispersés.

Ce n'était, en effet, qu'un oratoire petit, pauvre et sans ornement, assis sur la rive gauche du Chavanelet, aujourd'hui appelé Barillon, et de la paroisse qui n'existait pas alors, à la tête d'une prairie isolée et sans habitants, à quatre cents pas du hameau de Villebœuf, et à un demi-kilomètre de la ville.

Ce hameau existe encore à peu près tel qu'il était en 1586, et faisait partie de la seigneurie de Saint-Etienne.

En 1629, vers le milieu de juin, la troisième peste ayant entièrement disparu, le 16 août, en vertu du vœu de la ville, à neuf heures du matin, la première procession quittait l'église Saint-Etienne et se dirigeait, en chantant des hymnes et des cantiques, vers la chapelle de saint Roch, formant une immense ligne à travers les prairies et les champs cultivés. Tous les ordres de la société stéphanoise y étaient représentés, le clergé séculier et régulier, le corps consulaire, les officiers de justice, les pénitents de toutes couleurs, une compagnie de la milice bourgeoise, les confréries et les corporations de métiers, ouvriers et patrons en tête. Là, après la bénédiction de la chapelle, d'une statue du saint libérateur et quelques prières dites en son honneur, le cortége reprenait le chemin de l'église paroissiale, où la bénédiction du saint Sacrement terminait la cérémonie. Cet usage fut religieusement observé jusqu'à notre grande Révolution, quoique alors, c'est-à-dire à la fin du xviiie siècle, la chapelle fût enclavée dans les propriétés de Mme veuve Pellissier, née Pallouat de Baissait. Mais la Révolution, qui ne sait rien respecter, détruisit ce fruit béni d'un acte de foi.

Au commencement de 1794, le maire de Saint-Etienne, Johannet, protestant originaire d'Annonay, ami et complice de Javogue, de Feurs, et qui périt victime de la réaction dans la nuit du 7 mars 1795, enjoignit à Mme veuve Pellissier de démolir cette chapelle, menaçant en cas de refus, de la déclarer bien national et d'y établir une forge. La pieuse veuve, quoique courageuse, pour éviter une profanation, dut se résigner à dépouiller elle-même cet antique oratoire.

Depuis cette époque, de triste mémoire, jusqu'à nos jours, cette vieille chapelle abandonnée de ses ornements, cessa d'être visitée; son campanile, son toit, son portique, ses murailles détruites, gisant dispersées sur le sol, tout a disparu. La destruction n'a demandé qu'un jour, le travail plus lent de la réparation demandera des années. Seulement le propriétaire actuel du terrain montre à l'archéologue soucieux son emplacement où l'herbe croît à l'égal de celle de sa longue prairie.

Cependant il reste encore un noble débris :

la vieille statue de saint Roch, mise en lieu de sûreté pendant la tourmente révolutionnaire, a été placée, quand les temps furent devenus meilleurs, dans une niche pratiquée dans le mur extérieur servant de clôture aux prés Pellissier et s'éleva dès lors, comme une espérance, du milieu de ses ruines.

Mais, vers 1830, quelques personnes du voisinage, touchées de son abandon et craignant qu'elle ne fût exposée aux outrages pendant la fête baladoire qui se tient aujourd'hui nombreuse et avec éclat en ce même endroit et de temps immémorial, la transportèrent à la sainte chapelle, où elle est encore, vénérable et vénérée.

Le souvenir de la protection de saint Roch est resté si profondément gravé dans le cœur du peuple et du clergé que le vœu primitif de la ville se renouvelle encore aujourd'hui par une messe solennelle, le 16 août de chaque année, et que si la chapelle n'a point été rétablie, son ancien pèlerinage est resté une fête de plaisir exclusivement profane.

Et c'est pourtant ce rendez-vous de plaisirs qui a fait naître une pensée de restauration, dont le germe était au fond de tous les cœurs, comme un secret désir, un regret et presque un remords.

Ce n'était plus une chapelle, mais une église et une paroisse qu'on réclamait.

L'église, commencée en 1853, a été achevée en 1856, et déclarée paroisse, sous le vocable de saint Roch.

Cette église, digne du saint patron, porte dans toutes ses parties les caractères du style gothique ; l'intérieur, d'une régularité sévère, éblouit vos yeux par sa forêt de vitraux peints ; sa façade est ornementée, ses clochetons chargés de sculptures, ses élégantes colonnettes, fouillées avec soin, plaisent à l'œil nu ; enfin, la tour, qui sert de clocher, demande une flèche.

L'emplacement de cette église, sur la place qui porte son nom, tient à la ville et touche Valbenoite, et la tête du pré où fut jadis la chapelle, en face la rue du Ré, à son angle, à droite, en descendant vers le cours Fauliol, par le pont jeté sur la vallée assez profonde du Chavanelet. De là, la verdure monte luxuriante vers le coteau de Rochetaillée, à travers un charmant vallon constellé de maisons de campagne.

Disons, en terminant ce trop long article, dont le sujet nous a été fourni avec bienveillance par M. l'abbé Chauss de Beau-Thasset, auteur de plusieurs ouvrages couronnés, que la reconnaissance de la ville entière de Saint-Etienne élevant ce monument en l'honneur de saint Roch, libérateur ; c'est à la fois un acte religieux et patriotique.

Saint-Didier-la-Séauve.

La chapelle de Saint-Roch, à Saint-Didier, a eu un meilleur sort que celle de Saint-Etienne, elle a échappé au vandalisme, et voici dans quelle circonstance :

En 1628 et 1640, à l'époque de ces terribles fléaux pestilentiels, remonte l'origine d'un vœu fait par cette paroisse d'aller tous les ans en procession à Notre-Dame de Valfleury. Plus tard, ce vœu fut commué et remplacé par une procession qui se fait encore tous les ans, le premier dimanche de mai; de là est venue la coutume de faire aussi tous les ans une octave de procession à la chapelle de saint Roch, pendant les huit jours qui suivent sa fête, en y célébrant chaque jour, durant cette octave, deux messes successivement pour la ville, les faubourgs et les hameaux.

Bâtie en 1714, dans le lieu de sépultures des pestiférés; ce terrain tomba plus tard en la possession de la maison de Saint-Joseph; mais il a été racheté, le 31 août 1792, par le maire et le notaire du lieu et cédé par eux à l'hospice de cette ville, comme l'ayant acquis au nom des pauvres, et c'est ainsi que la chapelle échappa à la destruction. Après la Révolution, elle a été rendue à sa première destination et à ses premiers usages. Aussi, les habitants se font-ils un devoir, aujourd'hui comme autrefois, de se presser, nombreux, dans l'enceinte assez vaste de cette antique chapelle, chaque fois que le saint sacrifice de la messe y est offert.

Finissons cette nomenclature de paroisses en disant à tous leurs habitants :

HONNEUR A EUX !
GLOIRE A SAINT ROCH !

Bagnols.

L'église de cette paroisse, du xive siècle, bâtie par les seigneurs d'Oingt, alliés aux d'Albon, a été mise primitivement sous le vocable de saint Blaise.

A l'époque de la peste noire, on éleva hors du bourg une petite chapelle en l'honneur de saint Roch. Tombée de vétusté deux siècles plus tard, on lui en dédia une autre dans l'intérieur de l'église, et on le prit pour patron secondaire, pour rappeler aux générations futures, l'ancienne chapelle qui lui avait été dressée, et dans laquelle les habitants de Bagnols s'étaient réunis, au mois d'août 1637, pour fonder la fête de Monseigneur saint Christophe, à l'effet d'obtenir, par son puissant crédit auprès de la très-sainte Trinité, la cessation du mal contagieux qui régnait alors à Bagnols et aux environs.

Et en effet, sa voisine, Frontenas, veut que, et sans préciser une date ou fixer une époque, une peste inouïe ait ravagé le pays au point de réduire à trois le nombre de ses habitants.

Chères.

L'église de cette paroisse, sous le vocable de saint Roch, n'était remarquable que par les nombreux pèlerinages de toutes les paroisses, qui y venaient en corps invoquer la protection du saint pour la guérison de leurs bestiaux.

Un acte notarié, datant de 1628, nous montre l'obligation dans laquelle étaient les habitants de Chasselay et autres lieux de faire tous les six mois un pèlerinage à cette chapelle, et, quoique le nombre des pèlerins soit considérablement diminué, il en est encore qui suivent cet engagement religieux.

On voit, au nord du village, une croix portant le millésime 1627, ainsi qu'un écusson avec armoiries.

Charbonnières.

L'église, bâtie sur une pente dominant le vallon, est de construction moderne, de l'ordre bysantin et ogival mixte; elle est dédiée à saint Roch. C'est sur les ruines d'une ancienne chapelle, dont la construction bysantine pure remontait à un temps reculé, que l'on a élevé la nouvelle, composée d'une seule nef voûtée avec chapelles latérales.

La légende du pays veut qu'une épizootie détruisît en peu de temps toutes les bêtes à cornes du hameau de Charbonnières, à l'exception de celles qui allaient se désaltérer dans la source actuelle, découverte en 1774 par M. Marsonnat, ancien curé de Tassin.

Darezé.

La peste, qui faisait de grands ravages dans la contrée, a laissé de tristes souvenirs à cause du nombre des victimes, et la tradition veut qu'elle ait été apportée par un soldat qui revenait d'un pays assez éloigné. Quelques jours après son apparition, il fut trouvé mort dans les champs.

Lamure.

Il existe encore sur le territoire de cette commune une vieille chapelle élevée à saint

Roch, que les habitants ont en grande vénération, et dont ils font remonter la construction au XVIe siècle.

Tarare.

Les calamités sont les compagnons inséparables de l'existence des hommes et de celle des cités.

Vers la fin du XVIe siècle s'abattit sur Tarare une de ces calamités qui désolaient la France et qui décima sa population.

Le 20 avril 1581, le Consulat de la ville de Lyon, ému de pitié à la vue du mal que le fléau avait fait dans ce bourg, arrêta qu'il sera fait une quête dans la ville pour subvenir aux pauvres pestiférés de Tarare, et, à cet effet, quatre échevins furent nommés; quelques jours après, le 15 mai, la contagion ne faisait qu'augmenter, puisqu'elle commençait à gagner quelques maisons près d'Amplepuis. Ce même consulat arrête que, pour obvier aux accidents qui pourraient résulter pour la ville de Lyon, des arrivages d'étrangers du côté de Roanne, et il est défendu de laisser entrer ni marchandises ni voyageurs sans que l'on justifiât de bulletins et certificats pris à Saint-Symphorien-de-Lay et à Saint-Clément-de-Valsonne.

Une procession générale fut ordonnée, à la suite de laquelle il fut fait un sermon suivi d'une grand'messe, dans le couvent des Augustins, pour prier Dieu pour ceux qui sont frappés de la maladie contagieuse et préserver d'icelle les habitants de Lyon.

Cette cérémonie eut lieu le 20 mai de l'année susdite.

Lyon.

Malgré les précautions prises pour Tarare, la ville de Lyon eut grandement à souffrir de la peste, depuis le mois de juin 1628 jusqu'au mois de mars 1629. Au mois de septembre, la maladie était à son apogée; toutes les rues étaient désertes et les boutiques fermées. Ceux que les besoins de la vie et les devoirs de religion forçaient à sortir, se munissaient de flacons d'odeur, marchaient à grands pas, silencieux et solitaires, évitant avec soin tout contact; les amis, les parents n'osaient plus s'aborder.

Le prévôt des marchands et les échevins montrèrent dès le principe du mal beaucoup de dévoûment et de constance, mais dix mille personnes avaient déjà succombé avant que la police eût eu le temps de se reconnaître. Les médecins les plus habiles se retiraient du lit des mourants, consternés, avouant qu'ils ne comprenaient rien à une maladie si étrange. Papon, dans son *Traité de la peste*, dit qu'une transpiration forte sauva quelques malades traités à temps, et rapporte que deux frères, boulangers, furent attaqués ensemble de la maladie; le plus jeune se mit aussitôt dans son four qui était encore très-chaud, et la sueur abondante qu'il y versa emporta la maladie; le frère, qui ne voulut pas suivre son exemple, mourut au bout de cinq jours.

Cinq à six chariots et trois barques, toujours en mouvement, portaient les malades et les cadavres au confluent, un peu au-dessous d'Ainay. Dans le champ, derrière l'abbaye, on avait construit à la hâte une foule de cabanes; l'île voisine, qu'on appelait le Brotte d'Ainay, en était aussi couverte; c'est là qu'habitaient les convalescents et les suspects. En face l'hôpital Saint-Laurent, sur la rive droite de la Saône, spécialement consacré aux pestiférés. On y compta jusqu'à quatre mille malades à la fois; il y en avait partout, dans les escaliers, les corridors, jusque dans les jardins. Ces malheureux étaient couchés pêle-mêle sur un peu de paille, exposés à l'air, les malades avec les mourants, les mourants avec les morts. Ce fut seulement lorsque la contagion eut complètement cessé que la ville put compter ses pertes. Des calculs portèrent le nombre des morts à 70,000, les plus modérés en admettaient 35,000. 1,600 habitants du faubourg de la

Guillotière étaient morts; des 18,000 pauvres auxquels on donnait l'aumône générale, il n'en était resté que 600; des 300 suisses de la garnisons, plus de 100 avaient été emportés; 8 médecins, 70 chirurgiens, les deux tiers des imprimeurs avaient succombé. Le clergé de Saint-Nizier avait perdu 20 de ses membres; les filles de Sainte-Catherine, 60 sur 80 qu'elles étaient. Beaucoup de religieux, qui s'étaient dévoués au service des pestiférés, furent victimes de leur héroïsme. La noblesse et la bourgeoisie eurent un peu de mal; ce fut parmi le peuple et les ouvriers en soie surtout que la peste sévit, et il fut impossible de compter les morts. Sur les bords du Rhône, on pouvait apprécier d'un seul coup d'œil l'étendue des ravages; on voyait les années précédentes dix-neuf moulins toujours en mouvement sur le fleuve, il n'en resta que neuf occupés et encore pas toujours.

Le malheur fit recourir les habitants à l'intercession de saint Roch: on lui éleva une chapelle située près de la Quarantaine; on la voit figurer sur le plan de Lyon ancien, au xvıe siècle. Au siècle suivant, elle fut reconstruite par Simon Champin, architecte de l'Hôtel-de-Ville.

Cette chapelle était fréquentée surtout le jour de la fête du saint, le 16 août de chaque année. Ce jour-là, tous les magistrats, le sénéchal, le prévôt des marchands se rendaient en grande pompe à la chapelle de saint Roch.

La chapelle était sise à côté de l'hospice des aliénés, au bas de la montagne du fort, sur le quai de la Quarantaine, ainsi nommé parce qu'on y reçut les pestiférés, et vis-à-vis la passerelle (1). On la voyait, il y a peu d'années encore, avec son balcon couvert, qui la distinguait des autres maisons de ce quartier, alors presque désert.

Sauviers.

Cette paroisse possède encore une chapelle dédiée à saint Roch au temps des pestes.

---

(1) Qui fait face au cours du Midi.

Limonest.

Ne pouvant fixer la date précise de la peste qui a amené la fondation de chapelles à saint Roch, soit à Limonest, soit chez sa voisine, nous dirons seulement que la chronique locale veut qu'une peste aurait ravagé le pays au point de réduire à trois le nombre des habitants.

Chambonie.

La Chambonie possède une jolie petite église à trois nefs, dédiée à saint Roch.

Lezigneux.

A Lezigneux, sur le terrain communal de Vidrieux, est une chapelle dédiée à saint Roch ; elle a été construite à l'occasion d'une épidémie qui ravagea la commune et attaqua hommes et animaux ; pendant les rogations, on y va en procession les deux premiers jours.

Mornand (Loire).

L'église de la commune de Mornand est dédiée à saint Roch ; d'abord petite chapelle, elle s'est successivement agrandie et forme aujourd'hui une croix latine et son ensemble est satisfaisant. L'intérieur est décoré de trois autels de marbre; celui du chœur et ceux des chapelles latérales, dédiées l'une à la Vierge, l'autre à saint Roch.

Grézieux-la-Varenne.

Grézieux-la-Varenne a une église composée d'une nef voûtée et de deux chapelles latérales, elle est sous le vocable de saint Roch. La partie à gauche est d'un style ogival ; à droite il existe une croisée gothique.

Chazelles-sur-Lyon.

Cette paroisse est ainsi dénommée pour la distinguer d'une autre dans le même département de la Loire.

Les habitants de cette petite ville murée au xie siècle ont toujours exercé la chapellerie.

Vers le milieu du xve siècle une balle de toison venue de Smyrne, patrie de saint Polycarpe, répandit une épidémie dans le pays ; c'est ce qui fit transférer le marché hebdomadaire de Chazelles à trois kilomètres de là, à Grezieux, qui depuis prit le nom de Grézieux-le-Marché.

Mais la contagion s'étant aussi déclarée dans cette dernière localité, ce marché fut de nouveau transféré à Saint-Symphorien-le-Château, où il se tient encore de nos jours.

C'est à cette époque et à cette occasion que fut fondée la chapelle de Saint-Roch, dans le quartier qui porte encore son nom.

Cette chapelle tant vénérée jusqu'en 93, devenue propriété particulière, vendue alors comme bien national, sert actuellement d'entrepôt.

Que ne devrait-on pas faire de sacrifices pour la rendre à sa première destination par reconnaissance pour les services rendus dans ces temps de désolation générale !

Condrieu.

Au ve siècle, la petite vérole, la peste, les inondations, les épidémies de toutes sortes faisaient de toute la contrée dont dépendait alors Condrieu, un séjour de calamités et de misères. Jamais l'espèce humaine ne fut plus corrompue, jamais la terre ne fut plus désolée par plus de maux à la fois. L'ignorance régnait en souveraine, et les passions des hommes étaient ses ministres. C'est que l'esprit du christianisme n'avait pas encore assez pénétré partout dans les masses.

LÉPREUSERIE

Dans les temps où la lèpre faisait de grands ravages en France, chaque ville avait sa lépreuserie. Celle de Condrieu était située sur le ruisseau d'Albuet qui traverse une partie de la ville sur son flanc droit et près de l'église des religieuses de la Visitation. Le puits qui existe en face de la porte d'entrée de cette chapelle est encore appelé le puits de Maysel parce qu'on nommait ainsi les lépreux. Bien des gens aujourd'hui l'appellent en patois : les uns le Mayseli, les autres le Maysau.

Ce fut Renaud de Forez, archevêque de Lyon, qui fonda cette lépreuserie au bas du ruisseau d'Albuet, en l'an 1225.

En l'année 1521, Claude Janin, lépreux de la maladrerie, dont plus bas nous avons à dire l'origine, fit à l'église de sa paroisse un legs de quatre cents livres.

Le dernier descendant de cette ancienne famille de Condrieu, Jules Janin, écrivain distingué, vient de mourir à Paris dans un âge fort avancé.

Maintenant êtes-vous curieux de savoir comment on traitait alors les lépreux ? Lisez :

Lorsqu'une personne était prise de cette affreuse maladie, on allait à sa demeure la prendre en procession avec la croix et l'eau bénite. Le lépreux, précédant la croix, était conduit à l'église où il entendait la messe, assis seul au milieu de la nef. La messe finie, le curé et les paroissiens s'approchaient de lui et lui faisaient cette exhortation :

« Mon ami, plaît à Notre-Seigneur que tu
« soyes infect de cette maladie et te faire,
« Notre-Seigneur, une grande grâce quand il
« te veult punir des maux que tu as faits en ce
« monde. Pourquoi ayes patience en ta mala-
« die, car Notre-Seigneur ne te méprise pas;
« ne te sépare point de sa compagnie; mais
« si tu as bonne patience tu seras saulvé comme
« fut le Ladre qui mourut devant la porte de
« l'ostel du mauvais riche et fut porté tout droit
« par les anges au paradis. »

Le prêtre bénissait ensuite un habit ou manteau, et, en le lui remettant, il disait :

« Vois-tu cette robe que l'Eglise te baille,
« en toi défend que jamais tu ne portes robe
« en d'autres façons afin que chacun puisse te
« reconnaître que tu es infect de cette maladie,

« et afin que l'on te donne plutôt l'aumône
« pour l'amour de Notre-Seigneur. »

Ensuite le prêtre bénit les gants et, en les lui remettant, il disait :

« Vois-tu ces gants que l'Eglise ta mère te baille ; en toi défend que jamais tu iras, ou autre part que tu ne touches à main, à aucune chose afin que les gens ne soient point infects de cette maladie, ne touchant à aucune chose après toi ; l'Eglise te recommande que tu iras par les voies, et tu rencontreras une personne saine, que tu ne lui fasses place, que tu ne converses point jamais avec ceux qui ne sont point infects, tant en maisons, comme autre part, que jamais tu n'entres en l'Eglise jusqu'à ta mort afin que ta cohabitation, ou conversation que tu frays avec les autres, qu'ils ne fussent infects de ta maladie.

« Enfin, je te prie que tu prennes en patience et en gré ton mal ; et, en récompense le Seigneur Dieu, car ainsi tu fais, tu feras ta pénitence en ce monde, et combien que tu soyes séparé de l'Eglise et de la compagnie des

Saints, pourtant tu n'es pas séparé de Dieu, ni aussi des biens qu'on fait à notre sainte Eglise. »

Après ces recommandations, le prêtre l'accompagnait encore, avec la croix, jusqu'au lieu de léproserie, l'exhortant toujours à se recommander à Dieu et à ses saints, et à prendre patience à l'exemple du Sauveur sur la croix, par laquelle il puisse obtenir la vie éternelle.

MALADRERIE

Saint Adon, archevêque de Vienne, né à Condrieu, le 1er mai 809, d'une très-honnête famille, dont le père s'appelait Simon Samuel et la mère Jacqueline Paloi, mourut dans sa ville archiépiscopale, le 16 décembre 875, à l'âge de 66 ans.

Deux siècles plus tard, en 1095, parut en France la peste connue sous le nom de *feu sacré.* Ses ravages furent si nombreux à Condrieu qu'elle éteignit presque entièrement la nombreuse famille du saint.

Le dernier héritier de son nom était mourant, ainsi que sa femme et le seul fils qui leur restait de six enfants, cinq ayant déjà été emportés par la cruelle maladie. Ces trois personnes mourantes et sans secours humain se souvinrent du bienheureux qu'elles avaient dans leur famille. Le père fit vœu que si, par son intercession, la santé leur était rendue, il ferait construire une chapelle en l'honneur de saint Adon. Le vœu fut exaucé et accompli. La chapelle fut bâtie, l'épidémie s'arrêta et la famille Samuel redevint prospère sous tous les rapports. Ces détails ont été fournis par la lettre écrite de la main de Samuel père, par laquelle il demandait au seigneur châtelain la permission de bâtir sa chapelle sur le bord du Rhône, à l'endroit qu'il habitait et qui a été trouvée, ainsi que la réponse favorable du châtelain, en 1548, par Hugues de Narzé, obédiencier, quand la peste noire vint de nouveau visiter ces contrées et qu'elle avait déjà détruit un tiers de la population de Condrieu.

Alors toutes les autorités civiles et religieuses en tête d'une procession générale se présentèrent à la maison de la famille Samuel, lui remirent ses anciens titres, après l'avoir amenée en un lieu choisi par eux, pour la reconstruction d'une nouvelle chapelle dédiée à saint Adon, en remplacement de la première entraînée par la crue des eaux du Rhône. Là fut dressé un acte capitulaire par lequel tous les membres de la famille Samuel s'engageaient à rétablir la susdite chapelle et à maintenir son droit de propriété jusqu'à extinction de son nom, mais avec aide d'un tiers par les habitants.

On ouvrit aussitôt, séance tenante, une souscription qui avait pour but non-seulement l'érection du petit monument projeté, mais encore de pourvoir à l'organisation, en ce même lieu, d'un hôpital provisoire, ou mieux maladrerie pour les pestiférés, où seuls seraient admis les habitants de Condrieu.

Cette souscription fut à l'instant même couverte de signatures par l'assemblée et produisit la somme de 145 francs.

Après ces engagements solennels de part et d'autre, une messe fut célébrée en plein air en ce lieu même et entendue des assistants avec dévotion.

Les bâtiments destinés à la maladrerie n'étaient que de grands hangards servant à la construction des bâteaux; des fustiers de la famille Samuel furent bénis après la messe, et l'ordre fut aussitôt donné de ne garder aucun malade en ville.

Cet endroit sur les bords du Rhône est devenu une longue rue garnie de maisons, appelée aujourd'hui tantôt le port, tantôt le quartier de la Maladrerie.

Cette ambulance reçut ses premiers malades le 18 juillet 1549, et la mi-août vit le terme de ce cruel fléau, grâce à l'intercession du bienheureux saint Adon et aussi de saint Roch, qu'avec ferveur tout le monde invoquait et qui sont aujourd'hui si souvent oubliés.

Enfin, la chapelle fut construite et son administration confiée à la famille Samuel qui s'acquitta religieusement de ce soin.

A dater de ce moment, chacun prit l'habitude de déposer son offrande en passant devant la chapelle. Ces dons servaient à son entretien et à faire dire une messe tous les ans à la même époque dans la chapelle. Ces faits historiques qu'on ne peut révoquer et ces monuments religieux édifiés par la reconnaissance publique, pour perpétuer la mémoire des bienfaits reçus d'en haut, devraient être conservés religieusement, comme un enseignement toujours vivant pour les générations futures; mais combien pour un mince intérêt ou pour aise, futile utilité, sont tombés sous le marteau des démolisseurs pour ne plus se relever !!!

Malheureusement pour Condrieu, la famille Samuel n'existe plus, et sa maladrerie et sa chapelle ont disparu du sol pour faire place à une grande route de Givors à Valence. Ne devrait-on pas au moins la reconstruire, ne fut-ce que pour ne pas dévier de la route du Ciel tout en suivant celle de la terre ?

Fourvières.

De nos jours le choléra a fait son apparition en France, à plusieurs reprises, et s'est fait sentir cruellement surtout dans nos grands centres de population, ce qui a ravivé et accru, s'il était possible, le culte de confiance à saint Roch et à la Vierge immaculée.

Aussi les Lyonnais, qui lui sont déjà si instinctivement dévoués, ont-ils fait monter plus ardents leurs vœux sur la sainte colline de Notre-Dame de Fourvières, devenue leur sauvegarde dans les calamités publiques et particulières, et jamais leur confiance n'a été déçue. Trop longue serait à énumérer la liste des faits éclatants de protection obtenue à différentes époques, et tout récemment encore les inondations sans trop de dommages, le choléra asiatique arrêté à ses portes, l'invasion prussienne résolue et non exécutée, ne sont-ils pas là pour l'attester?

Le secours vient d'en haut; donc nos cœurs en haut!

Jusqu'ici, nous avons marché sévèrement dans la voie de la vérité historique, appuyé sur des preuves irrécusables. Dans cette nomenclature d'églises, de chapelles, un petit nombre seulement ne nous ont offert que des données trop courtes et trop imparfaites, mais qui toutes néanmoins nous donnent l'idée de la foi de nos pères dans l'intervention divine, sur la marche de l'humanité à travers les biens et les maux d'ici-bas.

Aussi nous est-il permis de dire que, dans nos trois voyages scientifiques entrepris sur nos propres terres, nous avons recueilli une foule de documents précieux, dont quelques-uns inédits, qui sont venus enrichir notre histoire diocésaine et nous dédommager de la fatigue des recherches.

RÉFLEXIONS MORALES

N'ayant pas d'autres données, malgré nos minutieuses recherches, nous terminons nos quelques notices archéologiques qui sont, pour ainsi dire l'œuvre de nos pères et qui témoignent de leur foi pour le culte des saints.

Maintenant et d'après les faits que nous venons de rappeler, nous pouvons affirmer sérieusement que saint Roch est un grand saint et que son pouvoir est grand pour guérir gens et bêtes de toute maladie contagieuse.

Nos paysans le savent bien, eux à qui chaque jour apporte le labeur des terres ou la culture de la vigne, et le soir, la récompense d'une bonne conscience d'avoir travaillé sous l'œil de la Providence divine.

Gens affolés de la ville, qui n'en sortez guère, vous auriez beaucoup à apprendre dans nos campagnes si vous y veniez, le cœur et les yeux ouverts !

Pour le travailleur des champs, il n'y a pas de récréation ou d'occasion étrangère à son travail, comme à la ville où chaque pas offre une distraction, ou une fantaisie à satisfaire ; pour lui, la journée commence, avec l'aurore du jour, pour finir avec son crépuscule. Heureux encore, si la terre, à laquelle il prodigue ses soins et ses sueurs, ne lui faisait jamais faillite, car elle a, comme les ateliers de la ville, elle aussi, parfois ses grandes grèves, mais avec cette différence, que l'ouvrier de la terre bénit Dieu qui lui laisse encore, par grâce, sa nourriture, que la gelée, les sécheresses, la grêle, ou le phylloxéra n'ont pu enlever entièrement, et que son économie habituelle soutient jusqu'à la nouvelle récolte, tandis qu'à la ville, c'est la lutte avec le patron, c'est le chaumage forcé avec son cortége de haines, de menaces et de confusions, pour n'avoir pas su capitaliser une mince partie de son salaire quotidien en prévision des mauvais jours de l'avenir.

Mais ici, tous ne forment pour ainsi dire qu'une famille, où maîtres et ouvriers, propriétaires et domestiques, sont unis par le seul lien de la fraternité chrétienne, qui soit vraie, le droit reconnu, le devoir accompli en chrétien, et l'acquit de la rémunération convenue.

Quand donc vous verrez les villes ouvrières

agitées par les basses passions, sachez qu'elles viendront se briser contre les mœurs douces, le calme réfléchi, le bon sens et la foi de nos propriétaires ruraux, tant dénigrés par certains journaux libres-penseurs et certains discours rouges foncés, et que l'air empesté des villes n'a pas encore blasé.

Nous le savons, la presse libre-penseuse, qui verse journellement le poison de l'erreur, du mensonge et de la calomnie, sur les personnes et les choses de la campagne, mépriseront ces leçons, qui n'en resteront pas moins des vérités palpables.

APPENDICE

Vous tous qui pratiquez l'indifférence en matière de religion, vous serez bientôt atteints de la peste morale de la libre-pensée qui vous mènera rapidement au matérialisme et à la morale indépendante.

Vous tous, dont la superbe raison est en révolte ouverte avec la raison créatrice de la raison humaine, vous êtes atteints de la peste morale de l'athéisme; vous serez bientôt entrainés par elle dans la tempête révolutionnaire corps et âme et vous finirez par être des scélérats.

O saint, guérisseur des peuples malades, retenez-les sur la pente fatale où ils se sont engagés. Illuminez ces aveugles volontaires, et guérissez leurs âmes de cette peste morale par la vertu de la croix dont votre main s'est servie pour guérir tant de corps d'une peste moins funeste ! Le Christ sera vainqueur, et ils chanteront le cantique de la délivrance de la tyrannique servitude d'une autre Egypte purement rationaliste.

CHANTS

EN L'HONNEUR DE SAINT ROCH

Parmi les chants nombreux consacrés à saint Roch, nul ne nous a paru plus convenablement placé ici que celui que nous trouvons à la fin d'une vie du saint, imprimée en Allemagne au commencement du xvie siècle, et dont voici la traduction. C'est une élégie qui a son mérite.

« Vous qui lirez ce livre dans un esprit de

foi, honorez les saintes actions de cet homme admirable.

« Une atmosphère humide fournit un élément au souffle contagieux de la peste ; un brouillard empoisonné porte au loin le virus que respirent les poumons suffoqués. Tout succombe, le vieillard et l'enfant ; le poison de l'air précipite le fort et le faible dans les mares du Styx. En voyant le nombre des morts, on dirait les flots amoncelés d'une mer en furie qui se brise sur le rivage.

« Ah! qui que vous soyez, dans un péril aussi imminent, vénérez saint Roch, appelez saint Roch à votre secours !

« Oh! miséricordieux saint, espoir des malheureux, refuge des affligés, écoutez-nous ! Roch, exaucez-nous ! Le Très-Haut vous a donné une puissance assurée pour repousser la peste ; les nations consternées placent leur unique espoir en vous. Ah! puisse la terrible contagion, grâce à votre intercession, s'éloigner de nos contrées ! Que l'ange exterminateur, cessant d'entasser ruines sur ruines, ne détruise pas entièrement notre espèce ! Daigne le Dieu Tout-Puissant tourner ce fléau contre les infidèles et les méchants, et épargner ses ouailles soumises, en nous épargnant cette horrible contagion !

« Roch miséricordieux, nous vous demandons ces grâces avec une entière confiance ; obtenez du Seigneur notre prompte délivrance ; éloignez de vos serviteurs la peste de l'âme et du corps.

« Préservez aussi de ce fléau l'humble auteur qui a voulu que les actions de votre vie fussent racontées dans ce livre ; daignez-le récompenser de son zèle. »

A LA PERPÉTUELLE MÉMOIRE. — HOMMAGE ET RECONNAISSANCE.

O bienheureux Roch, que nous ont fait connaître nos pères ! Vous protégez ce pays qui vous invoque depuis des siècles.

Du haut du ciel, vaincu par les prières de cette religieuse population, vous abaissez sur ce lieu vos regards compatissants, et vous agréez l'autel qu'elle vous a consacré.

Nous y viendrons toujours prier aux pieds de votre antique image et de vos saintes reliques, et vous rendre nos hommages pour vos bienfaits passés, présents et futurs.

Au milieu de ce concert de bénédictions et de louanges, Triviens, ne manquez jamais à la reconnaissance ; car elle attire de nouvelles faveurs, comme l'ingratitude les tarit.

Le progrès scientifique et matériel si vanté de nos jours n'a pas fait un pas en morale. Aimez donc la simplicité de vos pères, leur vie tranquille et laborieuse, leur bonne foi dans les relations sociales, leur fermeté dans la foi de celui qui est la voie, la vérité, la vie !

Autrefois les serviteurs de Dieu recevaient l'immortalité en échange des tortures de la barbarie. — Aujourd'hui ils reçoivent la gloire en échange des cruautés de la libre-pensée. — C'est la lutte inextinguible du bien et du mal. — C'est l'orgueil de la raison personnifié dans l'ange révolutionnaire dont la chute profonde a creusé un étang de feu. — C'est le Christ, ce soleil des âmes, dont le triomphe sur la mort a donné au monde la vie, la civilisation, la liberté sur la terre en attendant le vrai bonheur dans les splendeurs éternelles.

Saint Roch et tous les saints ont compris cette doctrine et l'ont réalisée dans leur vie et dans leur mort.

CONCLUSION

Vous, qui lisez ces lignes, sachez que s'il est permis à l'impiété de nos jours de ne pas croire à la sainteté de saint Roch, il ne lui sera jamais permis de le détrôner de la place d'honneur qu'il occupe dans le cœur des catholiques, et dans la cité des rois et des reines du ciel, où il est toujours en crédit auprès du souverain rémunérateur de la vertu et vengeur de l'incrédulité ; qu'il prie et intercède pour ses clients, ses frères militants, pauvres exilés de la vallée des larmes. *Hic est fratrum amator, multum orat pro populo.*

PRIÈRE DU MOYEN-AGE A SAINT ROCH

Nous vous supplions, Seigneur Dieu, qui avez promis au bienheureux saint Roch, que ceux qui l'invoqueraient ne seraient pas atteints et blessés de la peste, l'un des pires fléaux, et qui lui avez confirmé la promesse d'abord par une croix rouge imprimée sur sa poitrine à sa naissance, ensuite par le ministère d'un Ange, nous vous supplions très-humblement, que nous qui la réclamons dans notre pressante nécessité, il vous plaise, par ses mérites et son intercession, nous délivrer de ce mal pestilentiel, et de toute autre contagion mortelle tant du corps que de l'âme.

Nous vous en prions au nom de Notre-Seigneur Jésus-Christ, votre cher Fils, qui vit et règne avec vous dans l'unité du Saint-Esprit dans les siècles des siècles. Ainsi soit-il.

SOUHAIT

Après avoir consacré à nos chers Triviens tout ce que Dieu nous a donné de dévoûment, de foi, de talent et de cœur, nous espérons qu'ils ne nous oublieront pas devant Dieu, ni devant la Vierge Immaculée, la blanche étoile qui a fixé nos pas parmi eux durant de longues années remplies par un double et âpre travail incessant ; sa main, après avoir remué la terre, la pierre, la tuile, a pris la plume pour laisser à ses chers ouailles un triple et impérissable souvenir par la publication d'ouvrages qui intéressent au plus haut degré leur localité, l'Eglise et la commune, les âmes et les familles.

Table Générale

Première partie.

AVANT-PROPOS.

Chap.		Pages
I.	Relations des hommes de lettres entre eux	5
II.	Règle de jugement en matière doctrinale	13
III.	Clérical et libre-penseur	21
IV.	Autre parallèle	25
V.	Doctrine de la libre-pensée	31
VI.	Réveil de la France catholique ou victoire de l'esprit d'ordre sur l'esprit de désordre	77
	Histoire de la France	87

Deuxième partie.

Chap.		Pages.
	Observations préliminaires	95
I.	Dogme fondamental de l'Église catholique	97
II.	L'Église	99
III.	Le Pape	101
IV.	Pie IX	105
V.	La science	115
	La fausse science	116
VI.	La vraie science	117
	Aveux des incrédules	123
	Témoignage de Mgr Frayssinous	125
VII.	Accord de la science avec la religion	131
	Condamnation des savants ignorants	138
VIII.	Théologie, fondement des principes sociaux	147
IX.	Principes théologiques constitutifs de la sainteté	159
	A quoi sert la sainteté ; ses bienfaits sur les peuples	160
X.	Le culte des saints est légitime et non une idolâtrie	165
XI.	Des miracles des saints	169
	Conclusion	184
XII.	Le troisième livre d'une bibliothèque	187

Troisième partie.

INTRODUCTION.

La lecture est devenue une nécessité moderne	191
Splendeurs de Montpellier	193
Accord de la science et de la foi	195

VIE DE SAINT ROCH.

Chap		Pages.
	Observations préliminaires	201
I.	Première version	203
II.	Morale à tirer des fléaux	207
III.	Seconde version. — Les parents de saint Roch	211
	Naissance du saint	213
	Son enfance	215
	Sa jeunesse. Mort de son père	216
IV.	Mort de sa mère	219
	Abandon de ses biens	220
	Son départ	222
	Son voyage	225
V.	Son arrivée à Cézène et à Rimini	231
	La peste à Rome	234
	Saint Roch à Plaisance	238
	Saint Roch atteint lui-même de la peste	240
VI.	Mystère de la souffrance des saints	243
VII.	Sa guérison miraculeuse et conversion de Gothard Palestrinelli	249
VIII.	Sa vie et sa mort sainte	261
IX.	Retour de saint Roch à Montpellier	267
X.	Mort de saint Roch	273
XI.	Culte de saint Roch	281
XII.	Miracles de saint Roch	289
XIII.	Le culte des reliques	301
XIV.	Archéologie. — Italie	309
	Belgique	310
	Espagne	310
	France	311

Chap.		Pages.
XV.	Suite de l'archéologie. — Rhône. — Forez	316
	Trèves	316
	Bibost	323
	Saint-Genis-l'Argentière	324
	Ville-sur-Jarnieux	325
	Brullioles	326
	Cotance	327
	Bussière	329
	Rozier-en-Donzy	331
	Francheville	332
	Saint-Barthélemy-Lestra	333
	Saint-Julien-en-Jarrez	339
	Palognieu	341
	Renaison	344
	Violay	345
	Saint-Just-en-Bas	347
	Theizé-Rontalon	348
	Châtillon-d'Azergues	349
	Villefranche	351
	Gleizé	354
	Renaison	355
	Chirouble	355
	Roanne	356
	Amplepuis	359
	Saint-Etienne	362
	Saint-Didier-la-Séauve	371
	Bagnols	373
	Chères	374
	Charbonnières	375
	Darézé	376
	Lamure	376

	Pages.
Tarare	377
Lyon	378
Sauviers	382
Limonest	383
Chambonie	383
Lézigneux	383
Mornand (Loire)	384
Grézieu-la-Varenne	384
Chazelles-sur-Lyon	384
Condrieu	386
Lépreuserie	386
Maladrerie	390
Fourvières	395
Réflexions morales : les grèves	396
APPENDICE	401
Chants en l'honneur de saint Roch	402
A la perpétuelle mémoire. — Hommage et reconnaissance	404
Conclusion	406
Prière du moyen-âge	407
Souhait	408

APPROUVÉ,

PAGNON,
Vicaire général,

Lyon, le 15 juin 1875.